Acción de Enriquecimiento
y
Acción de Enriquecimiento Cambiario

VOLUMEN II
Jurisprudencia
Modelos de demandas
Solicitud de audiencia de conciliación prejudicial

Diego Buitrago Flórez

ISBN 979-8705327348

Segunda edición

© Diego Buitrago Flórez

Email: dibuflo@gmail.com

Primera edición 2011

A mi hija, a mi madre y a mi esposa.

ÍNDICE GENERAL

PRESENTACIÓN

El presente *Volumen* contiene una detallada y concordada reseña de providencias judiciales alusivas al carácter autónomo de la acción, la carga de la prueba del enriquecimiento y del empobrecimiento correlativo, los límites al monto de la obligación de restitución, el momento en que comienza a correr el término de prescripción para el ejercicio de la acción, y la idoneidad probatoria del título valor descargado por caducidad o prescripción de la acción cambiaria.

Incluye, en igual forma, dos modelos de demanda (con las correspondientes notas explicativas): uno sobre la ***actio in rem verso*** cambiario como pretensión autónoma (no acumulada a otra), y el otro sobre la ***actio in rem verso*** cambiario acumulada, de manera subsidiaria, a la pretensión causal.

Registra, así mismo, un esquema de solicitud de audiencia de conciliación como requisito de procedibilidad.

Capítulo I

RESEÑA DE LA JURISPRUDENCIA DE LA CSJ, C, EN MATERIA DE *ACTIO IN REM VERSO CAMBIARIO*

En la siguiente tabla se registran, a doble columna y en orden cronológico, las providencias –autos y sentencias– de la CSJ, C, en materia de **actio in rem verso cambiario**.

En la primera columna se enuncian, una tras otra, las distintas *providencias* con la indicación de su fecha, el magistrado ponente y la constancia de si ha sido publicada o no. Y cuando de recurso de casación se trata, la acotación de si fue casada o no la sentencia impugnada, así como la reseña de la decisión de segunda instancia.

En la misma columna se citan los fallos y doctrinas de la Corte reiterados en el caso *sub judice*. Y se mencionan también las sentencias posteriores reiterativas de las doctrinas tratadas en el mismo.

En la anterior forma, van quedando decantadas las líneas jurisprudenciales alusivas a las diferentes materias tratadas en cada una de las providencias objeto de estudio.

En la segunda columna, a su turno, se rotulan y compendian de manera resumida los *temas tratados* en las respectivas providencias, incluidas las aclaraciones y salvamentos de voto cuando a unas y a otros ha habido lugar.

Providencia reseñada	Temas tratados
1. Sentencia número 300 de 18 de agosto de 1989 (M. P. Alberto OSPINA BOTERO). Publicada en *Jurisprudencia y Doctrina*, t. XVIII, N° 214, Legis, octubre de 1989, pp. 681 a 683. **No Casa** la sentencia de segunda instancia impugnada por el demandante. **Reseña de la sentencia de segunda instancia, proferida el 25 de noviembre de 1987 por el Tribunal Superior de Medellín:** Confirmó el numeral 4° de la sentencia de primera instancia (en el cual se dispuso no acceder a las declaraciones solicitadas en la demanda de reconvención), y revocó lo decidido en los restantes numerales, en los cuales se había declarado que la demandada (COMPAÑÍA ASEGURADORA COLSEGUROS S. A.) obtuvo un enriquecimiento injusto al no pagar el valor asegurado al tomador de una póliza de seguros, como consecuencia de un error en la expedición de la misma, y por consiguiente se había ordenado pagar al demandante cierta suma junto con los intereses corrientes o bancarios y la corrección monetaria hasta cuando se efectuare el pago. **Providencias en las cuales ha sido reiterada la sentencia de la Corte de 18 de agosto de 1989:** sentencias de **31 de marzo de 1993** en cuanto a que se trata de una	**Autonomía (o carácter autónomo) de la acción de enriquecimiento cambiario.** *"(...) la autonomía que, como característica, surge para la acción de enriquecimiento sin causa, sólo se circunscribe al campo de los títulos valores del contenido crediticio, mas no al de todo el derecho comercial (...)"*.

acción de enriquecimiento especial que se estructura particularmente para la caducidad o prescripción de los títulos valores; **14 de marzo de 2001** en cuanto a que se trata de una acción de enriquecimiento especial para los casos en que se paga una obligación causal preexistente con uno o varios títulos de contenido crediticio respecto de los cuales se produce la caducidad o prescripción; **26 de junio de 2008** en cuanto a que el artículo 882 del C. Co. da un tratamiento particular a la *actio in rem verso* cuando ésta se apoya en uno o varios títulos valores de contenido crediticio; y **18 de diciembre de 2009** (mediante cita que se hace de la sentencia de 14 de marzo de 2001) en cuanto a que se trata de una acción de enriquecimiento especial para los casos en que se paga una obligación causal preexistente con uno o varios títulos de contenido crediticio respecto de los cuales se produce la caducidad o prescripción.

---

2. Sentencia número 328 de 5 de octubre de 1989 (M. P. Pedro LAFONT PIANETTA). Publicada en *Gaceta Judicial*, t. CXCVI, N° 2435, 1989, pp. 55 a 60. **No Casa** la sentencia impugnada por el demandante.

Reseña de la sentencia de segunda instancia, proferida el 10 de octubre de 1987 por el Tribunal Superior de Medellín: Confirmó la sentencia de primera instancia, inhibitoria por falta de legitimación activa.

Providencias en las cuales ha

Caducidad de certificados de cambio. En esta materia no tiene aplicación la acción de enriquecimiento cambiario. *"(...) se trata, en este evento, de una acción de enriquecimiento especial no sólo por su consagración normativa de este orden, sino también porque se estructura particularmente, con los requisitos generales de aquel principio, establecidos por la doctrina y la jurisprudencia y ahora consagrado en el artículo 831 del C. P. C. [sic], pero concretados específicamente en dicha disposición, para la caducidad o prescripción de los títulos valores".*

5

sido reiterada la sentencia de la Corte de 5 de octubre de 1989: sentencias de **31 de marzo de 1993** en cuanto a que se trata de una acción de enriquecimiento especial que se estructura particularmente para la caducidad o prescripción de los títulos valores, y **14 de marzo de 2001** (y **18 de diciembre de 2009** mediante cita que se hace de la sentencia de 14 de marzo de 2001) en cuanto a que se trata de una acción de enriquecimiento especial para los casos en que se paga una obligación causal preexistente con uno o varios títulos de contenido crediticio respecto de los cuales se produce la caducidad o prescripción.	
3. Sentencia número 338 de 17 de octubre de 1989 (M. P. Eduardo García Sarmiento). Sin Publicar. **No Casa** la sentencia impugnada por el demandante. **Reseña de la sentencia de segunda instancia, proferida el 23 de marzo de 1988 por el Tribunal Superior de Medellín:** Confirmó la sentencia de primera instancia, denegatoria de las pretensiones de la demanda.	**Los certificados de cambio previstos en el Decreto 444 de 1967 son documentos representativos de monedas extranjeras.** *"8. Los certificados de cambio previstos en el Decreto 444 de 1967, según los artículos 18 y 19 de este estatuto, son aquellos documentos representativos de monedas extranjeras que el Banco de la República expide contra entrega de las divisas que constituyen ingresos de este mercado de certificados, previo descuento de los impuestos que graven el respectivo reintegro o de la deducciones que autorice la Junta Monetaria, libremente negociables, salvo que, como ahora ocurre, esta junta limite su transferencia por sus beneficiarios o tenedores originales solo a los establecimientos de crédito debidamente autorizados".* **A los certificados de cambio previstos en el Decreto 444 de 1967 no les son aplicables en**

este caso los artículos 831 y 882 del Código de Comercio. *"La naturaleza de las normas, la especialidad de las mismas y la regulación completa del estatuto contenido en el Decreto 444 de 1967, descarta en este caso la aplicación de las normas del Código de Comercio indicadas por el recurrente, atinentes al enriquecimiento sin causa y por el contrario, conducen a establecer el acierto del Tribunal al hacer actuar los textos del citado Decreto 444 de 1967, puesto que los artículos 22 y 23 de éste, además de prever íntegramente en el punto las situaciones que acontecen cuando el acreedor del documento no lo presenta durante el término de vencimiento o después de los dos años siguientes a su fecha de expedición, obedecen a toda una política económica y social del Estado, siendo por tanto normas superiores que no podía desconocer el **ad quem**".*

Si el acreedor voluntariamente deja transcurrir el plazo de vencimiento del certificado de cambio, éste se paga a la tasa más baja que hubiere registrado en el mercado cambiario entre la fecha de su expedición y la de su adquisición, con el descuento que señale la Junta Monetaria. *"Por lo primero, basta afirmar que ciertamente el legislador señaló, y en forma absolutamente precisa y clara, tanto la fecha de vencimiento como la caducidad del documento, indicando en aquella hipótesis que si no se canjeaban oportunamente, esto es, dentro del plazo de vencimiento, los pagaría 'a la tasa más baja que se hubiere registrado en el mercado cambiario de tales títulos entre la fecha de su expedición y la de su adquisición por dicho banco, con el descuento que señale la Junta Monetaria', de suerte que, precisamente,* *si el acreedor deja voluntariamente transcurrir dicho plazo, la consecuencia no puede ser otra que la prevista, esto es, el descuento señalado (...)"*

El mercado de los certificados de cambio obedece a un manejo complejo de la economía, elaborado con base en el presupuesto de ingresos y egresos de divisas y bajo la necesidad de mantener un adecuado nivel de reservas internacionales. *"(...) y por lo segundo, siendo así que el mercado de los certificados de cambio no obedece a una concepción aislada de la economía sino a un manejo completo de la misma, elaborado con base en el presupuesto de ingresos y egresos de divisas y bajo la necesidad de mantener un adecuado nivel de reservas internacionales (art. 21 in fine), no parece lógico que esta situación global y proyectada del presupuesto pueda verse modificada o quedar sujeta al albur, por el solo hecho de que algunos acreedores decidieran autónomamente detentarlos por un período superior al fijado en la ley".*

4. Sentencia número 138 de 3 de abril de 1990 (M. P. Pedro LAFONT PIANETTA). Publicada en *Gaceta Judicial*, t. CC, N° 2439, pp. 138 a 157. **No Casa** la sentencia impugnada por la parte demandada. **Reseña de la sentencia de segunda instancia, proferida el 4 de noviembre de 1988 por el Tribunal Superior de Medellín:** Confirmó la sentencia de primera instancia (en la cual se declaró que *"Industrias Gráficas ... Limitada se ha*	**Litisconsorcio necesario.** Puede darse en la *actio in rem verso*, ordinaria mercantil, o civil, o cambiaria. La *actio in rem verso* ordinariamente admitida por la jurisprudencia y la doctrina, tiene una aplicación especial en el inciso final del artículo 882 del Código de Comercio. **Libertad de medios de prueba.** *"Ahora bien, en la demostración de los*

enriquecido injustamente en perjuicio del Banco Cafetero al no cancelar el crédito contenido en el pagaré .... ya prescrito en sus acciones cambiaria y causal", y se dispuso que dicha sociedad, además de la condena en costas, estaba en la obligación de pagar al banco citado cierta cantidad de dólares convertidos a moneda nacional colombiana a la tasa de cambio vigente el día del pago, y se declaró también la inhibición de fallar de fondo la litis respecto de un demandado persona natural, por no estar legitimado para actuar directamente por pasiva), e introdujo las siguientes modificaciones a dicha sentencia de primera instancia: *"a) La suma que ha de pagar la demandada, es la que resulte de multiplicar los dólares indicados en el pagaré, por la tasa de cambio vigente el 1° de agosto de 1986, cuando operó la prescripción"; "b) Se revoca el numeral 4°"* de la sentencia de primera instancia y en su lugar se absuelve al demandado persona natural.

Providencias en las cuales ha sido reiterada la sentencia de la Corte de 3 de abril de 1990: sentencia de **6 de abril de 2005** en cuanto a que existe amplia libertad probatoria para la acreditación de los supuestos de la ***actio in rem verso cambiario***.

elementos de esta ***actio in rem verso*** *cambiaria relativos al enriquecimiento y un empobrecimiento correlativo, originado injustamente en la caducidad o prescripción de las acciones cambiarias y causales pertinentes se advierte que no existe restricción alguna en el empleo y valoración de los medios de convicción, pudiéndose acudir entonces a cualquiera de ellos, incluyendo la prueba indiciaria, particularmente cuando ella se requiere para establecer la realidad de los pasos que intervienen muchas veces en las negociaciones consensuales mercantiles, cuando constituyen la relación fundamental por la que se ha entregado como pago de* [sic] *títulos valores, que posteriormente se han dejado prescribir o caducar, para permitir entonces la acción contra quien se ha enriquecido injustamente en tal negociación compleja a consecuencia de dicha caducidad o prescripción".*

5. Auto número 130 del 1° de julio de 1992 (M. P. Pedro LAFONT PIANETTA). Publicado en *Gaceta Judicial*, t. CCXIX, N° 2458, pp. 27 a 33. **Resuelve** un conflicto de jurisdicciones.	*"Corresponde a la Sala Especializada del Consejo Superior de la Judicatura, dirimir los conflictos suscitados entre órganos de distintas jurisdicciones. No obstante, y ante la negativa de la Sala Jurisdiccional Disciplinaria del Consejo Superior de la Judicatura, para decidirlo, la Corte como máximo*

Tribunal de la, jurisdicción ordinaria procede a desatar el conflicto. La acción de enriquecimiento ilícito establecido por el Art. 882 del C. de Co. por su propia naturaleza es de índole civil".

La acción de enriquecimiento establecida en el artículo 882 del Código de Comercio es un asunto de naturaleza civil, del cual, en consecuencia, ha de conocer la jurisdicción civil ordinaria. *"(..) del análisis de la situación fáctica sub-examine se desprende que el proceso en mención es de índole civil y, en consecuencia de él ha de seguir conociendo el Juzgado Cuarto Civil del Circuito de Cúcuta, habida consideración de que la actora (...) pretende que ordene a la demandada (...) pagar a la primera la suma de $6'000.000.oo 'a partir del 19 de diciembre de 1988 y sus intereses correspondientes', en ejercicio de la acción de enriquecimiento ilícito establecida en el artículo 882 del Código de Comercio, asunto éste que por su propia naturaleza es de índole civil y del cual, en consecuencia, ha de conocer la jurisdicción civil ordinaria, sin que pueda aceptarse que por el fallecimiento posterior de la actora debidamente acreditado (folio 36, Cdno. De la actuación), el proceso ha de trasladarse a la jurisdicción de familia a pretexto de la existencia de posibles derechos hereditarios, ya que el artículo 60 del Código de Procedimiento Civil, en forma diáfana y perentoria dispone que 'fallecido un litigante o declarado ausente o en interdicción, el proceso continuará con el cónyuge, el albacea con tenencia de bienes, los herederos o el correspondiente curador', lo que se opone rotundamente a la trashumancia del proceso de un juzgado a otro en las hipótesis de*

	sucesión procesal mencionadas".
6. Sentencia número 038 de 31 de marzo de 1993 (M. P. Rafael ROMERO SIERRA). Sin publicar. **No Casa** la sentencia impugnada por la parte demandante. En esta sentencia se reitera la doctrina contenida en las sentencias de **18 de agosto** y **5 de octubre de 1989** en cuanto a que se trata de una regulación normativa específica, concerniente exclusivamente a los casos en que se paga una obligación causal preexistente con uno o varios títulos valores de contenido crediticio respecto de los cuales se produce la caducidad o prescripción. **Reseña de la sentencia de segunda instancia, proferida el 1° de marzo de 1990 por el Tribunal Superior de Bogotá:** Confirmó la sentencia de primera instancia, denegatoria de las pretensiones de la demanda.	La ***actio in rem verso*** tiene como fundamento *"la prescripción o caducidad de los títulos valores que se hayan recibido como fórmula de solución de obligaciones precedentes".* **Improcedencia de la acción de enriquecimiento cuando se ha declarado judicialmente el pago de los pagarés objeto de controversia.** *"6.– De tal manera que la aspiración del ente bancario recurrente de obtener el pago de los controvertidos pagarés, no ya sobre el preciso ámbito de la acción de enriquecimiento sin causa tratada en el artículo 882 del Código Mercantil, sino al amparo de la más amplia concepción que el Derecho Civil tiene sobre dicha figura, deducida del artículo 8° de la ley 153 de 1887 como una de las fuentes jurisprudenciales de obligaciones, se trunca frontalmente, pues no hay duda que siendo ésta esencialmente subsidiaria, el Banco demandante contó con una simple oportunidad para obtener el reembolso de lo prestado, como fue la controversia planteada en e proceso ordinario promovido por Targa S. A. contra el Banco Nacional –en liquidación– para obtener la declaratoria de pago de los multicitados pagarés, que culminó con sentencia favorable a la demandante, razón por la cual ya no puede el Banco pretender, ahora aquí, que de todas maneras, se le cumpla una prestación ya declarada oportunamente satisfecha por sentencia judicial".*
7. Sentencia de 6 de diciembre de 1993 (M. P. Carlos Esteban	**Es vano el cargo por inconsonancia si quien lo formula**

11

JARAMILLO SCHLOSS). Publicada en *Gaceta Judicial*, t. CCXXV, N° 2464, segunda parte, pp. 763 a 775; y en *Jurisprudencia y Doctrina*, t. XXIII, N° 266, Legis, febrero de 1994, pp. 141 a 151. **Casa** la sentencia impugnada por la parte demandada y en sede de instancia confirma la sentencia de primer grado, con la advertencia de que *"Para los efectos del artículo 376 del Código de Procedimiento Civil y en tanto la sentencia casada haya tenido cumplimiento, quedan sin valor los actos procesales realizados con tal fin. En consecuencia, el juzgado de primera instancia adoptará en su momento las medidas pertinentes"*.

Reseña de la sentencia de segunda instancia, proferida el 15 de junio de 1992 por el Tribunal Superior de Bogotá: Revocó la sentencia de primera instancia denegatoria de las pretensiones de la demanda, y en su lugar condenó al demandado a pagar al BANCO CAFETERO la suma de $89'712.080,47 mas los intereses pactados por la partes, y le impuso la obligación de pagar las costas causadas en ambas instancias, decisión ésta última respecto de la cual uno de los integrantes de la Sala salvó su voto.

Providencias en las cuales ha sido reiterada la sentencia de la Corte de 6 de diciembre de 1993: sentencias de **25 de octubre de 2000** en cuanto a que el título valor prescrito no es prueba suficiente del enriquecimiento correlativo; **6 de abril de 2005** y **26 de junio de 2007** en cuanto a que la carga de acreditación de los presupuestos de la *actio in rem verso cambiario* no

no es el perjudicado por la misma. *"Es vano el cargo por inconsonancia cuando la sentencia no es acorde con las pretensiones deducidas por la parte demandante, si quien invoca la causal segunda por tal motivo no es esta parte sino el demandado, a quien no perjudica la inconsonancia"* (se reitera lo dicho en las sentencias publicadas en G. J. t. LXXXIX, p. 855, y CXXXVIII, p. 37, entre muchas otras).

Remedio jurídico extremo. La *actio in rem verso* consagrada en el artículo 882 del Código de Comercio, cuyos antecedentes se remontan hasta el artículo 89 (debió citarse el artículo 83) de la Ordenanza Alemana de 1848, es un *éxtremun remedium juris'* concedido al tenedor de un título valor de contenido crediticio, de modo que pueda resarcirse del daño experimentado, procediendo contra el librador, el aceptante o el emisor en aquellos eventos en que demuestre que por efecto de la prescripción o el perjuicio del instrumento derivado de la caducidad, ellos obtuvieron un provecho indebido.

Tiene un fundamento inconfundible que acaba por identificarse en últimas con el que le sirve de soporte a la acción común de enriquecimiento sin causa a expensas de otro. *"(...) lo primero en que de be hacerse hincapié es que la acción de enriquecimiento cambiario tiene un fundamento inconfundible que lejos de reducirse a una degradación procesal de las acciones cambiarias de suyo incomprensible, acaba por identificarse en últimas con el que le sirve de soporte* se satisface con la mera exhibición del instrumento impagado; y **19 de diciembre de 2007** y **26 de junio de 2008** en cuanto a que se trata de una modalidad peculiar de la *actio in rem verso*; **21 de mayo de 2002** en cuanto a que la *actio in rem verso cambiario* consiste en una modalidad especial de la *actio in rem verso* común, tiene un fundamento que acaba por identificarse con el que le sirve de soporte a la *actio in rem verso* común, y es un *extremun remedium juris* concedido a quien fuere tenedor de un título valor de contenido crediticio descargado por caducidad o prescripción de la acción cambiaria; y **14 de diciembre de 2011** en cuanto a que la *actio in rem verso cambiario* es un *extremun remedium juris* concedido a quien fuere tenedor de un título valor de contenido crediticio descargado por caducidad o prescripción de la acción cambiaria; lo inherente a que el **legitimado por activa** lo es principio quien fuera tenedor del título prescrito o caducado, y **los legitimados por pasiva** son el librador, el aceptante, el otorgante y los endosantes en tanto reporten ventaja del desequilibrio patrimonial que se trata de nivelar; y también en lo referente las condiciones para una decisión judicial estimatoria.

a la acción común de enriquecimiento sin causa a expensas de otro, acción ésta de la que se tiene dicho por la jurisprudencia nacional hace más de medio siglo (G. J., tomo XLV, pág. 28) que a la manera de los principios de derecho, domina los textos positivos como expresión inmediata e imperativa de la noción de equidad aplicable de conformidad con los artículos 5°, 8° y 48 de la ley 153 de 1887, hoy con mayor razón ante el texto del segundo inciso del artículo 230 de la Constitución Nacional, cada vez que se presente un desplazamiento de valores que, produzca un incremento patrimonial en determinado sujeto a costa del patrimonio de otro, consumado de una manera apenas en apariencia conforme a derecho, pero en el fondo desprovisto de justificación que pueda servirle de base y que, por lo tanto, le atribuye al perjudicado la condigna acción de reembolso".

Modalidad especial de la acción *in rem verso*. La perspectiva correcta es la de considerar la acción de enriquecimiento cambiario como una modalidad especial de la acción *in rem verso* que con amplitud cada vez mayor se desenvuelve en muchas de las disciplinas jurídicas.

Al ordenamiento en esta materia le preocupa más evitar la consolidación de un beneficio para quien en justicia no podía pretenderlo, que reparar el daño experimentado por quien al fin de cuentas concurrió a su producción, *"vale decir, por una personas cuyo comportamiento omisivo tuvo ingerencia en los hechos que por obra de la prescripción o la caducidad impidieron en ejercicio eficaz de acciones cambiarias de cobro o de*

	acciones emergentes de la causa en la emisión o negociación de los títulos de que se trata".
	Legitimado por activa. *"lo es por principio quien fuera tenedor del título prescrito o perjudicado, vale decir el primer beneficiario si no hubo negociación, el último endosatario o el obligado de regreso que haya rescatado el documento y asuma así la posición de acreedor cartular, pero siempre y cuando se trate, además, de la persona que en razón de haberse producido esos eventos dotados por definición de eficacia liberatoria para los responsables por el pago del título, resulte empobrecida por incidir en detrimento de su patrimonio el desplazamiento de bienes de tal manera ocurrido".*
	Legitimado por pasiva. *"son sujetos posibles de la acción el librador, el aceptante, el otorgante y los endosantes en tanto reporten ventaja del desequilibrio patrimonial que se trata de nivelar (...), como lo indica la doctrina, han de ser personas colocadas de tal manera que entre el enriquecimiento del extremo pasivo y el empobrecimiento del actor exista y se compruebe un vínculo de causalidad estrictamente cambiaria (cfr. Gilberto Peña C., La letra de cambio: teoría y práctica, núm. 85.1)"*
	Condiciones para una decisión judicial estimatoria. En esencia son tres las condiciones para una decisión judicial estimatoria, *"que son las mismas que de acuerdo con la jurisprudencia uniforme y reiterada constituyen los presupuestos de la acción 'in rem verso' común, la cual – ha dicho esta Corporación– 'no puede tener cabida sino en subsidio de toda otra y siempre que a lo menos*

concurran tres requisitos: Que el demandado se haya enriquecido, que el demandante se haya empobrecido correlativamente y que este desplazamiento patrimonial carezca de causa que lo justifique desde el punto de vista legal' (G. J., tomo CXXXVII, pág. 380, y C.C. pág. 93)".

En qué puede consistir el enriquecimiento. El enriquecimiento del firmante del documento, beneficiado con la prescripción o la caducidad, puede consistir en un incremento patrimonial –**lucrum emergens**– o bien en la pérdida que se evita –**damnum cessans**– como consecuencia, por ejemplo, de la cancelación sin fundamento jurídico de deudas que gravan el patrimonio o del ahorro de gastos.

Límites al monto de la acción de restitución. La acción restitutoria a favor de la persona empobrecida, en cuanto al monto de sus posibles resultados, tiene dos límites: el monto *"no puede exceder el enriquecimiento ni superar el empobrecimiento, luego si no se llegaren a coincidir ambos extremos en un caso determinado, el límite del reembolso vendrá impuesto por el menor de esos valores".*

El límite del reembolso *"no puede tenerse por probado a cabalidad apelando exclusivamente a la literalidad del título y de las declaraciones en él incorporadas".*

La obligación cambiaria y la obligación de reintegro del enriquecimiento no son igualables.

	Al actor le compete la carga de establecer la existencia de la obligación de restitución del enriquecimiento que debe efectuar el demandado.
	La (sola) exhibición del título no satisface la prueba de la existencia de la obligación de restitución. El actor debe *"justificar probatoriamente, con la precisión adecuada, la concreta procedencia de la acción de enriquecimiento en relación con las particularidades que ofrezca el respectivo desequilibrio patrimonial"*.
	El sistema de la solidaridad impone la necesidad de demostrar el empobrecimiento del acreedor y los correlativos enriquecimientos de los deudores demandados. Por su propia naturaleza y para los efectos de la acción *in rem verso*, el sistema de la solidaridad entre los suscriptores del título valor, impone la necesidad de demostrar de manera concluyente el empobrecimiento del acreedor y los correlativos enriquecimientos respecto de cada uno de los deudores a los que por esta vía se demanda.
8. Sentencia número 120 de 18 de septiembre de 1995 (M. P. Carlos Esteban JARAMILLO SCHOLSS). Publicada en *Gaceta Judicial*, t. CCXXXVII, pp. 898 a 915. **Casa** la sentencia impugnada por la parte actora y en sede de instancia confirma la sentencia de primer grado, pero con la modificación de que los demandados quedan obligados *"a pagar solidariamente a*	**Modalidad especial de la acción *in rem verso*.** La acción de enriquecimiento cambiario consagrada en el inciso 3° del artículo 882 del Código de Comercio es considerada como una modalidad peculiar de la acción *in rem verso*. **Límites al monto de la acción.** Apenas comprende el valor del

favor de la Corporación Cafetera de Ahorro y Vivienda CONCASA (...) los intereses estipulados sobre el capital adeudado (...)" liquidados a partir de la fecha de presentación de la demanda.

En esta sentencia se reitera la doctrina contenida en la sentencia de **6 de diciembre de 1993** en cuanto a que se trata de una modalidad especial de la *actio in rem* verso.

Reseña de la sentencia de segunda instancia, proferida el 6 de mayo de 1992 por el Tribunal Superior de Bogotá: Confirmó la sentencia de primera instancia (en la cual se declararon no probadas las excepciones propuestas por el demandado, no se accedió a las pretensiones de la demanda de reconvención y se condenó a los demandados a pagar el equivalente a dos cantidades de Upacs por concepto de obligaciones insolutas consignadas en dos pagarés, mas los intereses corrientes bancarios liquidados sobre el capital adeudado, a la tasa del 33,81% efectivo anual, a partir de la fecha de presentación de la demanda), y la revocó en la parte que condenó al pago de intereses, por considerar que carecía de base legal.

enriquecimiento ocurrido, fijado en términos monetarios actuales si de sumas de dinero se trata.

El demandante no puede obtener el pago de intereses moratorios y demás gastos que el legislador permite cobrar a quien ejercita la acción cambiaria.

Puede solicitar una restitución total que incluye los intereses en cuanto representan el justo precio que por el uso de las sumas en cuestión convinieron en aceptar las partes.

No es incompatible con el cobro de intereses liquidables a la tasa corriente que certifica la Superintendencia Bancaria (hoy Financiera de Colombia).

Para medir el enriquecimiento restituible, a la corrección monetaria se le agrega el interés admitido y así declarado por los litigantes como ganancia razonable que tiene derecho a recibir el mutuante.

---

9. Sentencia número 001 de 11 de enero de 2000 (M. P. Manuel Ardila Velásquez). Sin publicar. **No Casa** la sentencia impugnada por la parte demandada.

Reseña de la sentencia de segunda instancia, proferida el 23 de junio de 1994 por el Tribunal

El inciso 2° del artículo 1579 del Código Civil regula relaciones de los diferentes obligados entre sí. Cuando el inciso 2° del artículo 1579 del Código Civil *"califica de fiador al deudor solidario que no le atañe el negocio del que dimana la solidaridad, está regulando las relaciones de los diferentes obligados*

Superior de Medellín: Revocó la sentencia de primera instancia (desestimatoria de las pretensiones de la demanda), y en su lugar declaró que *"a consecuencia de la prescripción operada"* respecto del pagaré citado en el proceso, los demandados se han enriquecido injustamente con el consiguiente empobrecimiento del banco demandante y que, por lo tanto, deben cancelarle a éste la suma de $10'000.000 junto con los intereses causados a partir del 3 de agosto de 1984, a la tasa del 36% anual.

Providencias en las cuales ha sido reiterada la sentencia de la Corte de 11 de enero de 2000: sentencias de **26 de junio de 2008** en cuanto a la subsidiariedad de la ***actio in rem verso cambiario***, y **9 de septiembre de 2013** en cuanto a que jamás la prescripción es fenómeno objetivo.

entre sí, mas no las existentes entre los varios deudores y el acreedor".

La solidaridad pasiva constituye una caución para el acreedor. *"Bien se conoce, ciertamente, que la solidaridad pasiva tiene como rasgo característico el que todos y cada uno de los obligados responden por el total de la deuda; es decir, que a los ojos del acreedor cada deudor responde como si fuera el único que se encuentra en la parte pasiva del vínculo obligacional. Es por esto que la solidaridad constituye una caución para el acreedor; pues así se le garantiza que ningún obligado pueda pretextar que la deuda sea dividida. Trátase, entonces, de la quintaesencia misma de la solidaridad, al punto de que donde se diga obligación solidaria se dice al propio tiempo que para el acreedor todos los obligados son iguales, y a cualquiera puede perseguir por la obligación entera. El acreedor los mira a ras: sencillamente todos son codeudores. No interesa si los deudores reportan beneficio económico de la negociación, o no. Para el acreedor es esto indiferente; se desnaturalizaría el carácter de caución que ínsito se ve en la solidaridad, si los deudores eludiesen aquel su principal efecto, con sólo argüir luego que no han recibido provecho del negocio que sirvió de fuente a la obligación que se les cobra, como sería, en el caso del mutuo, el no haber recibido parte alguna del préstamo. Vana ilusión del acreedor sería que los deudores se digan solidarios al contraer la obligación, mas no al momento de pagarla"*.

No es viable confundir la fianza con la solidaridad. *"Visto que todos los deudores solidarios, sin excepción, están en pie de igualdad con respecto al acreedor, es erróneo sostener que uno de* *ellos sea apenas fiador. Aunque también es una caución de tipo personal, no es dable confundir la fianza con la solidaridad. Ningún deudor solidario es, per se, fiador frente al acreedor. Allí no hay sino codeudores.*

Queda fácil comprender ahora que el concepto de fiador que asoma en el artículo 1579 del Código Civil no altera, en manera alguna, la ventaja que para el acreedor representa la solidaridad. Tal disposición no involucra a éste para nada, desde que está destinada, in integrum, a disciplinar lo que acontece entre los codeudores, mirados unos a otros, precisamente cuando el acreedor, ya satisfecho su crédito, nada tiene que hacer entonces; ahora el asunto ha quedado reducido a establecer cómo soportan los varios deudores la carga de la extinción de la obligación solidaria. Y como se trata ya de un asunto a definir no más que entre codeudores, es decir, una cuestión interna de deudor a deudor, resulta apenas obvio y justo que se entre a distinguir e identificar quiénes, entre los varios deudores, se aprovecharon del negocio que dio origen a la obligación asumida por todos, porque sería inicuo que, no obstante la diferencia que pudiera existir sobre el particular, a todos se les trate de la misma manera. Tal desnivel llevó al legislador a señalar que solamente quienes tuvieron interés en el negocio soporten a la postre la extinción de la obligación, y que, en cambio, nada deba aquel a quien no le concernió el negocio, y apenas sí funja, de cara a sus congéneres, como simple fiador".

"(...) para los fines propios del proceso ordinario que regula el art. 882 del Código de Comercio, en principio no interesa la solidaridad que hubiere podido existir en la obligación que prescribe con el título valor que la

contiene".

Interrupción de la prescripción.
"(...) el mero transcurso del tiempo, con todo y lo corrosivo que es, no es suficiente para inmolar un derecho.

No es sino reparar, acaso como la comprobación más concluyente de lo que acaba de decirse, que si el acreedor, antes que incurrir en dejadez, ejercita su derecho –no importa que sea sin éxito rotundo–, bien pueden contarse los años que quiera sin desmedro del derecho en sí; en algunas partes, con apenas instar al deudor para la satisfacción de la deuda, lo obtiene; en otras, es riguroso que la exhortación al pago se haga mediante demanda judicial.

Más aún: es probable que la pereza del acreedor se vea purgada por la actitud del obligado, dado el reconocimiento que éste haga de la deuda.

En una palabra, el comportamiento tanto del acreedor como del deudor puede interferir el lapso prescriptivo. De este modo, háblase lisamente de la interrupción de la prescripción, sin que esté de sobra recordar a este respecto que su principal consencuencia es la de que el tiempo anterior queda como borrado para esos fines (art. 2539 ejusdem)".

Suspensión de la prescripción.
"Recuérdese que pueden existir, de otra parte, circunstancias especiales que obstruyan el decurso de la prescripción, y se habla ya de la suspensión de la misma (art. 2541 in fine)".

Jamás la prescripción es fenómeno objetivo. *"Todas estas cosas proclaman que jamás la prescripción es un fenómeno objetivo, de simple cómputo del tiempo. Es una tesis*

desafortunada del tribunal; desatino que brota entre líneas remarcadas cuando se piensa que con ello permite florecer la idea errónea de que la prescripción corre fatalmente, sin ninguna solución de continuidad, sendero por el que irrumpió comparándola con la caducidad, con olvido de que hay disposiciones que expresamente dicen en qué casos se interrumpe la prescripción y en qué otros se suspende".

En la prescripción juegan fenómenos subjetivos. *"Hace apenas unas líneas, en efecto, se hizo notar que en la prescripción juegan factores subjetivos, que, por razones más que obvias, no son comprobables de la 'mera lectura del instrumento' contentivo de la obligación. La conducta de los sujetos de la obligación es cuestión que siempre ameritará un examen orientado a establecer si concurrentemente se configuran todas las condiciones que deben acompañar al tiempo para que con certeza se pueda decir si la prescripción ocurrió verdaderamente. Sólo así se llegará a determinar lo relativo a la interrupción y suspensión de la prescripción".*

Subsidiariedad de la acción de enriquecimiento cambiario. *"Todo el mundo conoce que dicha acción se abre paso sólo en la medida en que no haya otro remedio que venga en pos del empobrecido. En otros términos, la vida de esta acción depende por entero de la ausencia de toda otra alternativa. Subsecuentemente, en el punto no es de recibo la coexistencia de acciones".*

Ejercicio simultáneo de la acción (ejecutiva) cambiaria y de la acción de enriquecimiento cambiario. *"(...) si en este caso el acreedor promovió un proceso ejecutivo tendiente a hacer efectivo el derecho* *incorporado en el título valor, con ello mismo puso en evidencia que contaba con la alternativa del ejercicio de la llamada acción cambiaria. Y si al momento de instaurar el ordinario de enriquecimiento subsistía esa alternativa, como de hecho subsistía, por supuesto que no había concluido el ejecutivo, brota la verdad irrecusable de que a la sazón estuvo ejercitando simultáneamente dos posibilidades: el cobro forzado de la obligación y la acción de enriquecimiento del artículo 882 del Código de Comercio.*

La propia demanda introductoria del ordinario evidencia estas cosas, al referir en uno de sus hechos que en el proceso ejecutivo se formuló la excepción de prescripción y que 'Ese es el estado actual del proceso'; es inexacto, entonces, que el actor afirmase en otro pasaje de ese libelo, que acudía al proceso ordinario porque a la sazón carecía de otras acciones".

Coexistencia (inadmisible) de acciones. *"Precisamente, es esa coetaneidad de posibilidades judiciales la que permite que en casos como el presente jueguen las partes a su antojo con las posiciones jurídicas que adoptan en uno y otro proceso, llegando al extremo de sostener aquí lo que allí niegan, y viceversa. Cómo puede sostener el acreedor que se encuentra en tales condiciones, que está legitimado para incoar el ordinario, si por otro lado niega con tenacidad que el título no está prescrito?. Aquí se nota, amén de la coexistencia de acciones aludida, la inconsecuencia en que cae el acreedor. Y como si fuera poco, en eso lo sigue el deudor, pues que al paso que en el ejecutivo alega la prescripción, en el ordinario sostiene que no se consumó porque de su parte la había interrumpido. Bien curioso que uno y*

	otro sostengan en el ordinario exactamente la posición contraria a la del ejecutivo; tamaña trastocación jurídica no es posible sino donde hay acciones plurales, ejercitadas por delante, lo que es inadmisible según se vió desde atrás".
10. Sentencia número 197 de 25 de octubre de 2000 (M. P. Manuel ARDILA VELÁSQUEZ). Sin publicar. **No Casa** la sentencia impugnada por el demandante. En esta sentencia se reitera la doctrina contenida en la sentencia de **6 de diciembre de 1993** en cuanto a que el título valor prescrito no es prueba suficiente del enriquecimiento correlativo. **Reseña de la sentencia de segunda instancia, proferida el 24 de julio de 1995 por el Tribunal Superior de Medellín:** Confirmó la sentencia de primera instancia (que acogió las pretensiones respecto de cuatro letras de cambio, respecto de una quinta letra estimó que estaba prescrita la acción, y condenó al demandado a restituir cierta suma por concepto de capital más *"el interés por mora del 3% mensual, en la forma pactada en el respectivo instrumento"*), y modificó dicha sentencia de primera instancia en la parte atinente a intereses (revocó la rata del 3% mensual que había reconocido la sentencia de primera instancia y concedió el interés del 6% anual). **Providencias en las cuales ha sido reiterada la sentencia de la Corte de 25 de octubre de 2000:** sentencias de **6 de abril de 2005, 26 de junio de 2007, 13 de**	**La acción de enriquecimiento cambiario debe su existencia a la desaparición de la cambiaria.** *"Delanteramente conviene enfatizar, cual lo hiciera en su momento el tribunal, la autonomía de la acción aquí deducida; tanto, que su existencia la debe precisamente a la desaparición de la acción cambiaria. La una es, cuando la otra deja de ser; exclúyese cualquier coexistencia. Mal podría ésta, entonces, suministrarle vida artificial en punto de pactos o acuerdos que por obvias razones se fueron con su extinción. La nada no influye en nada".* **Carga de la prueba del enriquecimiento cambiario y del empobrecimiento correlativo.** *"(...) en esta especial acción es de la incumbencia del actor demostrar que el patrimonio del demandado obtuvo 'algo', y que esa obtención de la ventaja ha costado 'algo' en el patrimonio suyo, de modo de establecerse una conexión indubitable entre el enriquecimiento y el empobrecimiento correlativos. Más elípticamente, probar que la ventaja del demandado derivó de la desventaja del actor".* **El título valor prescrito no es prueba suficiente del enriquecimiento cambiario y del empobrecimiento correlativo.** *"Por eso es que aparece decantado el criterio de que eso mismo hace que al demandante le sea insuficiente apuntalarse no más que en el título valor prescrito; porque, insístese, es*

octubre de 2009 y **14 de diciembre de 2011** en cuanto a que la carga de acreditación de los presupuestos de la *actio in rem verso cambiario* no se satisface con la mera exhibición del instrumento impagado.

ineluctable para él acreditar que efectiva y realmente hubo el acrecimiento que experimentó el patrimonio de su contraparte, con la pertinente mengua del suyo. Abroquelarse exclusivamente en el título valor, sería permitirle al demandante que alargase la vida de la acción cambiaria y que hábilmente transborde la carga de probar en su adversario. Porque como recientemente lo aseguró esta Corporación, "en litigios de esta índole cuyo verdadero sentido no es, valga insistir una vez más, el de autorizar la furtiva cobranza de un efecto negociable degradado, sino el de hacer posible la restitución de un enriquecimiento que debe efectuar el demandado en la parte que corresponda a su personal empobrecimiento, ha de entenderse entonces que es al actor a quien le compete restablecer la existencia de esta obligación, carga que lejos de poderse reputar satisfecha mediante la exhibición del título del que es tenedor, lo constriñe a justificar probatoriamente, con la precisión adecuada, la concreta procedencia de la acción de enriquecimiento en relación con las particularidades que ofrezca el respectivo desequilibrio patrimonial" (Cas. Civ. sent. 6 de diciembre de 1993, recaída en el ordinario del Banco Cafetero contra Lorenzo Pascua García)".

No procede el cobro de intereses moratorios. *"(...) siendo independiente la acción, no hay lugar para hablar de mora, a cuyo título reclama el demandante tal tasa de interés. La específica calidad de deudor moroso supone un incumplimiento que ya no consiente más el acreedor. Y si las obligaciones antecedentes, tanto causal como cambiaria, han extinguido, mal pueden subsistir sus predicados".*

11. Sentencia número 034 de 14 de marzo de 2001 (M. P. Jorge SANTOS BALLESTEROS). Sin publicar. **No Casa** la sentencia impugnada por la parte demandante.

En esta sentencia se reitera la doctrina contenida en las sentencias de **18 de agosto y 5 de octubre de 1989** en cuanto a que se trata de una acción de enriquecimiento especial para los casos en que se paga una obligación causal preexistente con uno o varios títulos de contenido crediticio respecto de los cuales se produce la caducidad o prescripción.

Reseña de la sentencia de segunda instancia, proferida el 16 de diciembre de 1996 por el Tribunal Superior de Medellín: Confirmó la sentencia de primera instancia, inhibitoria.

Providencias en las cuales ha sido reiterada la sentencia de la Corte de 14 de marzo de 2001: sentencias de **26 de junio de 2007**, **26 de junio de 2008** y **26 de junio de 2018** en cuanto a que no es necesaria la declaración judicial de la caducidad o prescripción; y **18 de diciembre de 2009** en cuanto a que se trata de una acción de enriquecimiento especial para los casos en que se paga una obligación causal preexistente con uno o varios títulos de contenido crediticio respecto de los cuales se produce la caducidad o prescripción.

Cesio pro solvendo. *"4. De conformidad con la legislación y la jurisprudencia nacionales, cuando el acreedor recibe un título valor de contenido crediticio de manos de su deudor, acepta implícitamente que la prestación originaria, esto es, el abono directo del dinero se le sustituya por el abono indirecto mediante el cobro o la negociación posterior del título en cuestión, con lo que se configura una "cesio pro solvendo" que deja en pie la relación subyacente que puede operar en un futuro si se cumplen los requisitos exigidos en la ley, por cuanto ésta le otorgó el derecho de elegir cuál de las dos acciones ejercita, la cambiaria o la causal, siempre que existan y no se hayan extinguido por prescripción, pero en relación con la causal, únicamente podrá impetrarla si el título ha sido rechazado o no sea descargado de cualquier manera".*

Pago sometido a condición resolutoria. *"4.1. Por lo tanto, cuando se ha entregado con fines solutorios un título valor de contenido crediticio, se efectúa el pago de la obligación, pero no un pago puro y simple sino sometido a condición resolutoria en caso de que el instrumento no sea descargado de cualquier manera, por lo que, mientras esté pendiente dicha condición, 'la obligación que se reputa saldada no tiene la calidad de exigible y por ende contra el acreedor ninguna prescripción corre respecto de acciones a su favor derivadas de la relación causal'1".*

Reactivación del negocio jurídico que dio base a la expedición del instrumento (lo restringen precisos límites previstos por el legislador). *"4.2. Una vez cumplida la*

---

[1] Sent. 279 de 30 de julio de 1992.

| | condición resolutoria a pesar de la conducta diligente del acreedor para el cobro del título, se reactiva el negocio jurídico que dio base a la expedición del instrumento y vinculó a las partes en conflicto, el cual, como lo señaló esta Corporación en la sentencia citada [sentencia 279 de 30 de julio de 1992] *'no es ciertamente un resurgir omnímodo que faculte a ignorar de plano el ensayo de pago ocurrido, sino que lo restringen precisos límites previstos por el legislador para evitar abusos originados en la pluralidad de acciones disponibles e incompatibles en cuanto a sus posibles objetivos, ya que de no existir tales restricciones el deudor podría acabar pagando varias veces una misma obligación o lo que también reviste singular gravedad, verse obligado a cubrir indebidamente prestaciones materia de deudas desaparecidas'"*

Descargo del instrumento por caducidad o prescripción de la acción. Imposibilidad de proceder contra el deudor con fundamento en el negocio causal. *"4.3. Teniendo en cuenta lo anteriormente expuesto, es preciso señalar que el artículo 882 ib. en su inciso final expresamente indica que 'Si el acreedor deja caducar o prescribir el instrumento, la obligación originaria o fundamental se extinguirá así mismo', esto es, que si por responsabilidad del tenedor caducó o prescribió el instrumento, este último no puede proceder contra el deudor con fundamento en el negocio causal".*

La ley atribuye los fenómenos de la caducidad y la prescripción al vencimiento de ciertos plazos en ella señalados sin que se ejercite la acción correspondiente. *"(...) si bien en la caducidad se ataca la acción y no el derecho, mientras que en la prescripción se extinguen, tanto la acción como el derecho, en ambos* |

casos la ley atribuye este fenómeno al vencimiento de ciertos plazos en ella señalados sin que se ejercite la acción correspondiente, por lo que el acreedor que acepte la entrega de títulos valores, debe ceñirse no solamente al cumplimiento de los requisitos de índole formal, sino someterse a las condiciones de presentación para su cobro dentro de los términos que la ley impone, so pena de que se le apliquen las sanciones señaladas en las mismas normas y es así como el artículo 2535 del C.C., aplicable al caso por virtud del artículo 822 del C. de Co., indica que: "La prescripción que extingue las acciones y derechos ajenos exige solamente cierto lapso de tiempo durante el cual no se hayan ejercido dichas acciones. Se cuenta este tiempo desde que la obligación se haya hecho exigible"; a su vez, el artículo 789 del C. de Co. establece que: "La acción cambiaria directa prescribe en tres años a partir del día de su vencimiento".

No es necesaria la declaración judicial de la caducidad o la prescripción. *"6.1. En relación con este particular es preciso señalar que al impetrar en este proceso la parte demandante la acción de enriquecimiento sin causa, acepta que tanto la acción ordinaria como la cambiaria han caducado o prescrito, punto por lo demás pacífico en el presente trámite, dado que son presupuestos de dicha acción, sin que esto signifique que se exija, por lo demás sin norma expresa, un pronunciamiento judicial sobre dicha prescripción, porque sería imponer un requisito que la ley no contempla".*

El año fijado en el artículo 882 comienza a correr desde el día en que haya caducado o prescrito el

27

	instrumento sin que se requiera declaración judicial de prescripción respecto de la acción cambiaria. *"6.2. Corolario de lo anterior es que si bien es cierto la excepción de prescripción no puede ser declarada de oficio por el juzgador sino que tiene que ser solicitada por la parte, sin embargo los términos para que dicho fenómeno ocurra están señalados por el legislador y deben ser contabilizados como lo señala la misma ley, artículo 829 del C. de Co., es decir, que para el caso que ocupa la atención de la Corte el año fijado en el artículo 882 tantas veces citado empieza a correr desde el día en que haya caducado o prescrito el instrumento sin que se requiera declaración judicial de prescripción respecto de la acción cambiaria".*
Aclaración de voto (M. P. Manuel ARDILA VELÁSQUEZ): En esta aclaración de voto se citan algunos apartes de la sentencia de **11 de enero de 2000** (en la que fue ponente el mismo magistrado – ARDILA VELÁSQUEZ–) donde se pone de relieve que jamás la prescripción es fenómeno objetivo y que pueden existir circunstancias especiales (como las del artículo 2541 del Código Civil) que obstruyan su decurso, lo que da lugar a hablar ya de la suspensión de la misma.	**Solo al deudor incumbe decidir si invoca o no la prescripción.** *"(...) cualquiera que sea el razonamiento con el que pretenda justificarse la prescripción, no es posible desconocer el fundamento ético que la anima, en la inteligencia de que sólo al deudor incumbe decidir si la invoca o no; es este en su fuero interno el que determina si apela al transcurso del tiempo, las más de las veces para que en adelante se lo tenga como si efectivamente hubiese pagado la deuda.* *Y la sentencia de que discrepo ha pasado de largo ante ese secular postulado, y entroniza entonces la idea de que es posible que al deudor se le escamotee el poder de disposición de ese derecho, el cual, como lo señalara la Corte, no es del acreedor, 'es una facultad de que está investido el deudor y, por lo tanto, solo a él corresponde ejercitar' (Cas. 17 de octubre de 1945, LIX, 724). Evidentemente, se da el caso*

de que el acreedor se ha presentado a este juicio ordinario metiéndose, por así decirlo, a la casa del deudor, partiendo de la base de que la letra de cambio está prescrita, sin que el deudor, hasta allí, hubiese alegado algo por el estilo. Como si el acreedor estuviese facultado para penetrar los pliegues de su corazón y decidir por él, birlándole incluso el derecho que tiene de renunciar a la prescripción. Allá quien vea en eso una cuestión de poca monta".

Si el deudor no ha alegado la prescripción, síguese que la obligación no se ha extinguido.
"(...) si el deudor no ha alegado la prescripción, síguese –tiene que seguirse–, que la obligación no se ha extinguido y que, por consiguiente, subsiste la probabilidad de su cobro, aun coactivamente. A este propósito bien vale añadir cuán inconsistente resultaría pretender rebatir este argumento alegando que de cualquier modo en el juicio ordinario puede discutirse el fenómeno prescriptivo, por supuesto que, entonces, la tal subsidiariedad quedaría al talante del demandado, pues en caso de no invocar la prescripción –y seguramente estará tentado a no hacerlo– sin más provocaría el fracaso de una pretensión que despegó apenas con la esperanza de toparse en el camino con tal o cual actitud del demandado, y se desgajaría la consecuencia de que, frente a la ausencia de alegación semejante, al quedar viva la obligación –que, por lo demás, nunca había muerto según acaba de analizarse–, podría acudirse a su cobro. Es decir, las cosas marchando al revés: curiosamente la que fungiría de residual sería la acción ejecutiva, y no la de enriquecimiento como es lo correcto. Se andaría reconociendo así que el tenedor, en

estrictez jurídica, no había perdido la acción cambiaria, condición sine qua non para que pueda, como todo el mundo lo admite sin reserva de ninguna especie, abrirse la puerta de la acción de in rem verso consagrada en el artículo 882 del código de comercio. No queda, pues, sino reconocer que al momento de entablarse el proceso, el acreedor no tenía interés serio y actual para convocar a juicio al demandado.

En esa línea de pensamiento, tampoco parece de recibo argüir, como lo hace, por ejemplo, el tratadista Héctor Cámara, que para estos efectos puede acudirse directamente al ordinario, por cuanto, según él, resulta suficiente demostrar que las obligaciones se hayan extinguido 'por el transcurso del tiempo o el incumplimiento de las cargas legales, de acuerdo a la lógica y al buen sentido. Nada justifica – agrega– mandar promover una acción para que se oponga la excepción de prescripción o caducidad, con dispendio de tiempo y gastos'. (Letra de Cambio y Vale o Pagaré, tomo III, pág. 451). Terrible ironía; todo el derecho sustancial sacrificado por venir en pos de quien resulta ser el único responsable de su dejadez, pues que si no hubiera permitido que el título prescribiera no estaría inmerso en esa nueva situación. Resulta que ahora amén de dispensársele un último remedio, hay que allanarle el camino, evitándole toda incomodidad. Esto sin contar con que inexplicablemente dicho autor admite, paradójicamente, que la pérdida efectiva de toda acción cambiaria es una de las condiciones para promover en estos casos la de enriquecimiento sin causa. Y ya está visto que mientras no se alegue la prescripción, jamás puede decirse que la cambiaria ha fenecido".

La prescripción no es cuestión meramente objetiva. *"De otra parte, otro problema se presenta: la sentencia arranca del supuesto de que la prescripción es fenómeno objetivo; tal cosa fluye de los términos en que está concebido el despacho del cargo que se comenta; de ese modo, cree la Sala, erróneamente en mi sentir, que el demandante bien puede darla por establecida, y el juez admitirlo así, al término de los tres años contados a partir del vencimiento de la letra de cambio. Ocurre, empero, que igualmente se echa al olvido cómo la prescripción no es una cuestión meramente objetiva, que se dé con el simple transcurrir del tiempo. Algo va de la caducidad a la prescripción. Sí. La prescripción supone, al lado del tiempo, la inacción del acreedor, y está imbuida, por contera, de un elemento subjetivo. De ahí que admita interrupciones".*

12. Sentencia número 145 de 30 de julio de 2001 (M. P. Carlos Ignacio JARAMILLO JARAMILLO). Publicada en *Jurisprudencia y Doctrina*, t. XXX, N° 357, Legis, septiembre de 2001, pp. 1599 a 1601. **No Casa** la sentencia impugnada por la parte demandante.

Reseña de la sentencia de segunda instancia, proferida el 13 de marzo de 1996 por el Tribunal Superior de Bogotá: Confirmó la sentencia de primera instancia, desestimatoria de las pretensiones de la demanda.

Providencias en las cuales ha sido reiterada la sentencia de la Corte de 30 de julio de 2001:

Naturaleza de la acción de enriquecimiento sin causa (común o general). No es un instrumento alternativo o sucedáneo para el ejercicio de un derecho, ni una herramienta que premie o avale la decidia o inactividad del acreedor, o sirva para desconocer los efectos extintivos de la prescripción. "(...) 3. *No obstante lo anterior, cumple anotar, en orden a rectificar doctrinariamente al Tribunal, que le asiste razón al recurrente cuando acusa al sentenciador de segundo grado, de haberse equivocado sobre la naturaleza de la* **actio in rem verso** *consagrada en el inciso final del artículo 882 del Código de Comercio, la que presenta una fisonomía propia.*

En efecto, se sabe que la acción de

sentencia de **21 de mayo de 2002** en cuanto a que el artículo 882 del C. Co. consagra un régimen especialísimo que obliga a separarse de la preceptiva general, y **9 de septiembre de 2013** en cuanto a que no se requiere declaración judicial de prescripción de la acción cambiaria.

enriquecimiento sin causa tiene, por regla general, un carácter esencialmente subsidiario, lo que significa que "es preciso que ese enriquecimiento no haya tenido ningún otro medio para obtener satisfacción" (XLV, pág. 29 y XLVIII, pág. 128), de suerte que si éste existe, o habiendo existido, el afectado dejó prescribir la acción, no podrá acudirse a aquel mecanismo, en la medida en que la actio in rem verso no es un instrumento alternativo –o sucedáneo– para el ejercicio de un derecho, como tampoco una herramienta que premie o avale la desidia o inactividad del acreedor, o sirva para desconocer los indiscutidos efectos extintivos de la prescripción".

Naturaleza de la acción de enriquecimiento cambiario. Tiene como presupuesto el que el acreedor haya dejado *"caducar o prescribir el instrumento",* ***caso en el cual*** *"la obligación originaria o fundamental se extinguirá asimismo".* *"Sin embargo, como una excepción a la regla anterior, cuando el empobrecimiento del acreedor, recta vía, surge del decaimiento por prescripción o caducidad de la acción cartular reconocida a los títulos-valores, la acción de enriquecimiento sin causa, consagrada normativamente en el artículo 831 del Código de Comercio, adquiere, en tal caso, una naturaleza autónoma, como se desprende de la misma norma que la consagró, el inciso final del artículo 882 de la misma codificación, cuyo presupuesto, justamente, es que el acreedor haya dejado 'caducar o prescribir el instrumento', caso en el cual, como 'la obligación originaria o fundamental se extinguirá asimismo', no es posible –y por ello necesario–, desde una perspectiva etiológica, acudir al negocio causal para edificar una pretensión que evite el*

32

empobrecimiento, como equivocadamente lo consideró el sentenciador de segundo grado".

La ley mercantil colombiana privó a la caducidad y a la prescripción de los títulos valores del carácter de justas causas para consolidar desplazamientos patrimoniales, no obstante que en su producción haya podido jugar papel de alguna importancia la culpa o la voluntad de la víctima. *"Expresado de otra manera, en la especial y particularísima hipótesis del enriquecimiento sin causa cambiario, el legislador partió de la base de que el acreedor bien pudo evitar la afectación de su patrimonio, ora ejerciendo oportunamente las acciones cambiarias que se conceden a los títulos-valores, ora acudiendo a la acción causal, esto es, la emergente del negocio jurídico subyacente, fuente de la obligación que a través de la entrega del instrumento cambiario se quiso solucionar.*

No obstante, la ley mercantil colombiana, siguiendo de cerca el artículo 26 del denominado Proyecto INTAL, que habilitaba la actio in rem verso pero únicamente contra el creador del título –limitación que el ordenamiento colombiano no acogió–, y para atemperar el 'riguroso formulismo característico de los títulos-valores', así como 'para afrontar un problema de justicia conmutativa que emerge ante situaciones que el propio sistema de regulación implanta', privó a la caducidad y a la prescripción de tales instrumentos 'del carácter de justas causas para consolidar desplazamientos patrimoniales, no obstante que en su producción haya podido jugar papel de alguna importancia la culpa o la voluntad de la víctima'" (CCXXV, págs. 770 y 771)"

<table>
<tr>
<td></td>
<td>Monto u objeto de la acción. Explica que la acción no es de naturaleza cambiaria. "(...) el objeto de la misma 'no es tanto la suma de la letra cuanto el monto del enriquecimiento que podrá, o no, coincidir con el perjuicio'[2], todo lo cual explica que 'La acción de enriquecimiento injusto no es una acción de naturaleza cambiaria, porque <u>surge después que la acción cambiaria ha caducado</u>'[3] (se subraya), o prescrito y, por supuesto, luego de que la acción causal ha fenecido como consecuencia de haber ocurrido uno de tales fenómenos".</td>
</tr>
<tr>
<td>13. Sentencia número 093 de 21 de mayo de 2002 (M. P. Manuel ARDILA VELÁSQUEZ). Sin publicar. No Casa la sentencia impugnada por el recurrente (uno de los demandados).

En esta sentencia se reitera la doctrina contenida en las sentencias de 6 de diciembre de 1993 en cuanto a que la actio in rem verso cambiario consiste en una modalidad especial de la actio in rem verso común, tiene un fundamento que acaba por identificarse con el que le sirve de soporte a la actio in rem verso común, y es un extremun remedium juris concedido a quien fuere tenedor de un título valor de contenido crediticio descargado por caducidad o prescripción de la acción cambiaria; y 30 de junio de</td>
<td>Es una modalidad de la actio in rem verso común. "Ahora, pasando ya a la acción de enriquecimiento cambiario, adviértese ante todo que es una modalidad de la actio de in rem verso común, que como tal se nutre de sus principios generales. Lo que por ahí mismo permite relievar cómo su función no es entonces la de autorizar la furtiva cobranza de la prestación incorporada en un efecto negociable (...)" (Se reproducen aquí algunos apartes de la sentencia de 6 de diciembre de 1993 en cuanto a que la actio in ren verso cambiario tiene un fundamento que acaba por identificarse en últimas con el que le sirve de soporte a la acción común de enriquecimiento sin causa a expensas de otro).

La actio in rem verso común es de carácter eminentemente</td>
</tr>
</table>

---

[2] BONFANTI, Mario Alberto y GARRONE, José Alberto, De los títulos de crédito. Buenos Aires, Abeledo-Perrot, 1982, p. 718.

[3] VIVANTE, César, Tratado de Derecho Mercantil, Madrid, Reus, 1936. T. III, pp. 486 y ss.

2001 en cuanto a que el artículo 882 del C. Co. consagra un régimen especialísimo que obliga a separarse de la preceptiva general.

Reseña de la sentencia de segunda instancia, proferida el 21 de agosto de 1997 por el Tribunal Superior de Barranquilla: Revocó la sentencia de primera instancia (que había sido absolutoria), declaró que los demandados se enriquecieron sin justa causa y en consecuencia los condenó a pagar cierta cantidad de upacs, y mediante fallo complementario los condenó a pagar intereses sobre dicha suma al 9% anual desde el 19 de junio de 1978.

Providencias en las cuales ha sido reiterada la sentencia de la Corte de 21 de mayo de 2002: sentencia de **26 de junio de 2008** en cuanto a que la *actio in rem verso cambiario* es una acción autónoma que brota de una norma específica y que se funda en la caducidad o prescripción de la acción cambiaria de un instrumento de contenido crediticio entregado como pago de una obligación preexistente.

subsidiario, del cual participa la de enriquecimiento cambiario. *"Así las cosas, ya encauzando el tema directamente hacia el debate planteado en el sub lite cabe volver sobre el carácter eminentemente subsidiario de la acción de enriquecimiento injusto, proclamado por cierto sin vacilación por la doctrina y la jurisprudencia y del que participa la de enriquecimiento cambiario, según ya quedó estudiado; reitérase, pues, que se trata de una acción cuya procedencia encuéntrase condicionada inexorablemente a la circunstancia de que el empobrecido no haya contado con un medio diferente para restablecer el equilibrio roto por el desplazamiento patrimonial, o, lo que es lo mismo, dígase que ella sólo halla cabida a falta de toda otra, que si así no fuese, cual lo advierte Josserand, "sería acción para todo uso, que entraría en concurrencia, hasta en conflicto, con la mayor parte de los demás medios de derecho, aun cuando el orden jurídico se derrumbara con ello". (Derecho Civil. T. II, p. 458).*

La peculiaridad recalcada en el párrafo precedente, esto es, lo netamente subsidiario de la acción, en cuanto dice relación con la de <u>in rem verso común</u> se convierte en un impedimento –como no podía ser menos si se quiere ser consecuente– para que se ampare en ella quien habiendo tenido la posibilidad de ejercer una acción diferente la perdió sin embargo, ya por haber renunciado a la misma, ora al permitir que prescribiera o caducara. Carece de la acción de in rem verso – ha dicho por esa razón la Corte en sentencia que por cierto memora el censor– "el demandante que por su hecho o por su culpa perdió cualquiera de las otras vías de derecho. El debe sufrir las consecuencias de su imprudencia o negligencia". (Cas. 19 *de noviembre de 1930, XLIV, 474)".*

Está condenada al fracaso la censura que pretenda aplicar un principio propio de la *actio in rem verso* común a la *actio in rem verso cambiario*, olvidando las singularidades propias de esta última. *"Y acaece que es precisamente abroquelado en el precedente principio como forja el recurrente su acusación, pues, cual en su momento se puntualizó, proclama la inconducencia del enriquecimiento injusto aquí invocado en la medida en que por ese medio aspira el actor a recuperar aquello que no logró obtener a través de una acción cambiaria que prescribió debido a su indolencia.*

*Pero consistiendo en ello y no en otra cosa la censura, sin duda está condenada al fracaso, como que en la base de esa argumentación se aprecia un protuberante sofisma: es que se quiere aplicar un principio que es propio de la acción de **in rem verso** común, a la de enriquecimiento cambiario, echando así culpablemente al olvido las singularidades que son propias de esta última, contenidas, como se viene diciendo, en el inciso final del artículo 882 del código de comercio".*

La presencia de la prescripción o de la caducidad, que puede ser obstáculo para la viabilidad de la *actio in rem verso* común, muy lejos está de serlo para la de enriquecimiento cambiario. *"A simple vista, en efecto, la lectura del sobredicho precepto* (léase artículo 882 del C. Co.) *enseña que la presencia de la prescripción o de la caducidad, obstáculo que puede ser para la viabilidad de la **actio de in rem verso** común, muy lejos está de serlo para la* *de enriquecimiento cambiario y bien al contrario constituye precisamente, en aparente paradoja, prerrequisito fáctico de la misma conforme a la regulación del código de comercio, al punto que su impulso inicial lo proporciona imprescindiblemente la aparición de cualquiera de esas circunstancias extintivas. O, si se quiere mirar el asunto desde una óptica diferente, dígase que para los efectos y en los términos del mentado artículo 882, ni la prescripción ni la caducidad, con todo y la culpa que seguramente se avizora en la raíz de tales fenómenos, conforman causa legítima de enriquecimiento, de manera que eventos tales no son, per se, óbice para la procedencia de la acción en comento. Y la mejor demostración del anterior aserto, para no ir más allá, se encuentra en la literalidad misma de la norma en cuanto estatuye que el acreedor 'tendrá acción contra quien se haya enriquecido sin causa a consecuencia de la caducidad o de la prescripción (del instrumento)'".*

(...)

"Frente a los anotados criterios, nada queda ya por añadir que no sea el recalcar cómo la acusación no puede abrirse paso en cuanto, para decirlo una vez más, ya a manera de recopilación, el censor, haciendo abstracción de cualquier otro aspecto de la sentencia, la impugna tan sólo en tanto con que en ella se dio vía libre al enriquecimiento cambiario a pesar de la declaratoria de prescripción de la acción cambiaria que fue su génesis, argumento impertinente, ya se sabe, puesto que dicha modalidad extintiva no sólo no empece aquella acción, sino que, al tenor del pertinente precepto, es su eventual aparición en el escenario legal la que justifica la previsión

14. Sentencia número 103 de 7 de junio de 2002 (M. P. Silvio Fernando TREJOS BUENO**).** Sin publicar. **No Casa** la sentencia impugnada por el recurrente (uno de los demandado).

Reseña de la sentencia de segunda instancia, proferida el 12 de agosto de 1998 por el Tribunal Superior de Bogotá: Confirmó la sentencia de primera instancia (absolutoria), no obstante que revocó el reconocimiento de la excepción de fondo –por no tener este carácter– denominada *"inexistencia de la obligación demandada"*, excepción que había sido declarada probada en la sentencia de primera instancia.

Nota: El proceso versó sobre un caso de supuesto enriquecimiento sin causa evidenciado por la demandada (AEROVIAS NACIONALES DE COLOMBIA S. A.) y sufrido por los demandantes como consecuencia de la muerte trágica del padre de éstos en un accidente aéreo ocurrido durante la ejecución de un contrato de transporte aéreo internacional, accidente con ocasión del cual se inició el proceso de responsabilidad civil contractual de que trata el artículo 874 del Código de Comercio, que establece que dicho tipo de transporte se regula por las *"convenciones internacionales que sean obligatorias para Colombia"* (en el referido evento por el Convenio de Varsovia, aprobado por la Ley 95 de 1965, cuyo artículo 29 dispone que la acción de responsabilidad *"debe*

El artículo 882 del C. Co. es una disposición expresa de la ley constitutiva de una excepción, que reafirma la tesis de que la regla general consiste en que cuando prescribe un derecho o se extingue una acción por caducidad no superviven sus efectos mediante el ejercicio de la acción *in rem verso* **(común).** *"(...) la llamada acción de enriquecimiento cambiario establecida en el inciso final del artículo 882 del C. de Comercio, prevista para cuando el acreedor deja caducar o prescribir el título valor que le ha sido entregado en pago de una obligación anterior, la cual, si bien igualmente se extingue, no impide que se instaure acción contra quien se haya enriquecido sin causa a consecuencia de tales fenómenos extintivos; se trata justamente de una disposición expresa de la ley constitutiva de una excepción, la que, justamente por serlo, reafirma la tesis de que la regla general consiste en que cuando prescribe un derecho o se extingue una acción por caducidad no superviven sus efectos mediante el ejercicio de la acción* ***in rem verso"*** (léase **actio in rem verso** común).

ser intentada, so pena de caducidad, en el plazo de dos años contados desde el arribo o desde el día en que la aeronave ha debido llegar"). El Tribunal Superior de Bogotá, al desatar un recurso de apelación, decretó la perención del proceso de responsabilidad civil con fundamento en el artículo 346 del Código de Procedimiento Civil, lo que impidió el nuevo ejercicio de la acción durante los dos años subsiguientes, caducando en esta forma la acción de responsabilidad civil mencionada.

Providencias en las cuales ha sido reiterada la sentencia de la Corte de 7 de junio de 2002: sentencia de **26 de junio de 2008** en cuanto a que la *actio in rem verso cambiario* es una acción autónoma que brota de una norma específica y que se funda en la caducidad o prescripción de la acción cambiaria de un instrumento de contenido crediticio entregado como pago de una obligación preexistente.

15. Sentencia número 238 de 16 de diciembre de 2004 (M. P. César Julio VALENCIA COPETE). Sin publicar. **No Casa** la sentencia impugnada por la parte demandante.

Reseña de la sentencia de segunda instancia, proferida el 20 de febrero de 2003 por el Tribunal Superior de Valledupar: Confirmó la sentencia de primera instancia (desestimatoria de las pretensiones de la demanda, que tuvo por objeto que se declarara que la parte demandada se enriqueció sin causa

El testimonio no es el único medio de prueba del enriquecimiento –común o cambiario–. En la materia hay amplia libertad probatoria, que habilita al actor para emplear todos los elementos demostrativos contemplados por la ley. *"(...) dentro de un sistema de persuasión racional, como el que rige, corresponde al fallador la ponderación del mérito de las pruebas, conforme a las reglas de la sana crítica y sin apego a tarifa legal alguna, de suerte que no es dable entender que el testimonio es el único medio de convicción admisible y adecuado para el establecimiento de* legal, a expensas del patrimonio de la demandante, y que ésta se empobreció correlativamente en una suma determinada; y que se condenara a la demandada a reintegrarle a la demandante la referida cantidad, invertida en la reparación y mantenimiento de una aeronave, junto con los intereses comerciales desde que se produjo su desembolso hasta la fecha del pago, o que subsidiariamente, se reconociera la devaluación del pesos según el índice señalado por el Banco de la República).

tal extremo fáctico de la actio in rem verso *-común o cambiaria– , pues en la materia hay amplia libertad probatoria, que habilita al actor para emplear todos los elementos demostrativos contemplados por la ley, sin que sea posible introducir limitaciones, jerarquías o cortapisas que aquélla no ha previsto".*

---

16. Sentencia número 054 de 6 de abril de 2005 (M. P. César Julio VALENCIA COPETE**). Sin publicar. No Casa** la sentencia impugnada por el demandante.

En esta sentencia se reitera la doctrina contenida en las sentencias de **3 de abril de 1990** en cuanto a que existe amplia libertad probatoria para la acreditación de los supuestos de la *actio in rem verso cambiario*; **6 de diciembre de 1993 y 25 de octubre de 2000** en cuanto a que la carga de acreditación de los presupuestos de la *actio in rem verso cambiario* no se satisface con la mera exhibición del instrumento impagado.

Reseña de la sentencia de segunda instancia, proferida el 30 de agosto de 2001 por el Tribunal Superior de Bogotá: Revocó la sentencia de primera instancia (que había accedido a las pretensiones de la demanda, que tuvo por objeto que se declarara que el demandado se enriqueció injustificadamente a costa del demandante en la cuantía

Aunque existe amplia libertad probatoria para la acreditación de los presupuestos de la *actio in rem verso* cambiaria, tal carga no se satisface con la mera exhibición del instrumento impagado. *"En efecto, aunque la Sala ha dicho que existe amplia libertad probatoria para la acreditación de los presupuestos de la actio in rem verso cambiaria (G.J. t. CC, pag. 135), también ha sido enfática en señalar que tal carga no se satisface con la mera exhibición del instrumento impagado (G.J. t. CCXXV, pag. 763, y sentencia de 25 de octubre de 2000, exp. 5744, no publicada aún oficialmente), pues su aducción, ciertamente, informa de los aspectos cambiarios específicos que emanan del documento, mas no del perjuicio reclamado, a raíz de un supuesto desequilibrio patrimonial".*

El perjuicio sólo se presume en los casos expresamente indicados en la ley, de los cuales son ejemplo la cláusula penal y el pacto de arras. *"Expresado con otras palabras, ha comentado la doctrina jurisprudencial que en estos*

equivalente al importe del título valor –letra de cambio– allegado y que en consecuencia dicho demandado era deudor del demandante por cierta cantidad de dólares de los Estados Unidos de América, junto con los intereses moratorios liquidados desde el 3 de agosto de 1993), y en su lugar negó las pretensiones de la demanda.

Providencias en las cuales ha sido reiterada la sentencia de la Corte de 6 de abril de 2005: sentencias de **26 de junio de 2007** y **14 de diciembre de 2011** en cuanto a que la carga de acreditación de los presupuestos de la *actio in rem verso cambiario* no se satisface con la mera exhibición del instrumento impagado, **13 de octubre de 2009** en cuanto a que existe amplia libertad probatoria para la acreditación de los presupuestos de la *actio in rem verso cambiario*, y **18 de diciembre de 2009** en cuanto a que no siempre que se suscribe un título valor media un negocio jurídico oneroso, toda vez que podrían celebrarse otros donde impere la gratuidad.

procesos no se busca reactivar una acción cambiaria en aras del pago del importe literal consagrado en el documento, pues sería tanto como "autorizar la furtiva cobranza de un efecto negociable degradado" (G.J. t. CCXXV, pag. 763), sino, ante todo, la verificación de la medida y proporción en que se empobreció el demandante y, correlativamente, se aprovechó el demandado, de modo que, frente al contenido indeterminado de la pretensión, corresponderá al interesado, conforme a la regla pregonada por el artículo 177 del Código de Procedimiento Civil, probar fehacientemente que de manera cierta y real, que no simplemente conjetural o eventual, hubo un desplazamiento económico, pues, como es sabido, "el perjuicio no se presume más que en los casos expresamente indicados en la ley, de los cuales son ejemplo la cláusula penal y el pacto de arras ... " (G.J. t. CLV, pag. 120)".

No se puede presumir la existencia y el contenido de la relación causal subyacente. Ella debe ser objeto de cabal demostración. No siempre que se suscribe un título valor media un negocio jurídico oneroso, toda vez que podrían celebrarse otros donde impere la gratuidad. *"Adicionalmente, en asuntos de esta naturaleza, donde la prueba es de suyo exigente, tampoco se puede presumir la existencia y el contenido de la relación causal o subyacente que ha originado la creación o transferencia del instrumento de contenido crediticio – art. 882 C. de Co.–, pues ella debe ser objeto de cabal demostración, así como no es dable desconocer que no siempre que se suscribe un título valor media un negocio jurídico oneroso, toda vez que podrían celebrarse otros donde impere*

	la gratuidad, como ocurriría, verbi gratia, con la figura del favor cambialis prevista por el artículo 639 del Código de Comercio".
Salvamento de voto (M. P. Jaime Alberto ARRUBLA PAUCAR):	**Negar que el título valor prescrito o caducado sea idóneo para acreditar el empobrecimiento y el correlativo empobrecimiento iría contra el principio de libertad probatoria que inspira nuestro ordenamiento. Ese documento puede incluso ser el mejor medio de prueba.** *"Indiscutible, que también en esta acción especial de enriquecimiento, sea necesario acreditar, como elemento para la prosperidad de la acción el perjuicio, es decir, el empobrecimiento para uno y el correlativo enriquecimiento para el otro. Pero de allí a negar que el título valor no descargado, prescrito o caducado, no sea idóneo (sic, seguramente el magistrado dicidente quiso decir 'sea idóneo') para acreditar este elemento, iría contra el principio de libertad probatoria que inspira nuestro ordenamiento. Por el contrario ese documento, ya sin fuerza cambiaria, puede incluso ser el mejor medio y hasta suficiente en un momento dado para probar que una persona dejó de recibir el dinero de su importe favoreciendo de esta manera a quien no tuvo que cancelarlo".* **"De todos modos en el escenario del debate puede el demandado defenderse probando lo contrario. Pero de allí, el afirmar que el documento allegado al proceso con las respectivas constancias de no haber sido cubierto sea irrelevante para acreditar el perjuicio y que son necesarios otros medios diferentes de prueba, es establecer una tarifa probatoria que la ley no trae".**

Salvamento de voto (M. P. Edgardo VILLAMIL PORTILLA):	**El argumento de que para promover la acción de enriquecimiento es menester una sentencia que previamente declare la prescripción, inhibiría la acción de enriquecimiento. La existencia o sola posibilidad de otra acción –la ejecutiva–, inhibiría la acción de enriquecimiento.** *"En mi opinión, si el Tribunal tuviera razón en su planteamiento –y no lo creo– acerca de que para promover la acción de enriquecimiento es menester una sentencia que previamente declare la prescripción, ese argumento sería bastante para mantener el fallo acusado, pues la existencia o sola posibilidad de otra acción –la ejecutiva–, inhibiría de un tajo el uso de la acción de enriquecimiento".*
	En determinadas condiciones, el título es la medida y prueba suficiente de que resultó proficuo para el deudor el advenimiento de la prescripción. *"A mi juicio, la libertad probatoria en materia de la acción de enriquecimiento va hasta admitir que el título, en determinadas condiciones, que se cumplen en este caso, es la medida y prueba suficiente de que resultó proficuo para el deudor el advenimiento de la prescripción".*
	"Aceptar el título valor como prueba suficiente del desplazamiento patrimonial recíproco que se produce por la desaparición de un pasivo –incremento– y el marchitamiento de un activo –empobrecimiento–, no lleva implícita la afirmación de que se ha regresado a la acción cambiaria o que esta se halla encubierta en una acción de enriquecimiento".
	"Y ello no es así, porque la acción de enriquecimiento propuesta no podría

tener ventura frente a todos los obligados cambiarios, sino apenas contra quien se enriqueció, es decir aquel que recibió beneficio económico por el no pago del título con ocasión de la prescripción. Y no es la misma acción, en tanto prescribe de modo diferente y para su declaración se acude a un proceso ordinario que carece de medidas cautelares y está sometido a toda suerte de excepciones".

La prescripción no afecta al título valor como prueba capaz de acreditar el monto del enriquecimiento del deudor y del empobrecimiento del acreedor. *"Es infundado el temor de que admitir el título en su fuerza documentaria, como prueba del enriquecimiento, sea una reviviscencia de la acción cambiaria; es más bien el cabal entendimiento del principio de libertad probatoria, pues la prescripción no afecta al título valor como prueba capaz de acreditar el monto del enriquecimiento del deudor y del empobrecimiento del acreedor, quien sin duda alguna deja de percibir un crédito al que tenía derecho, en claro perjuicio de su propio patrimonio".*

No se presume el daño al admitir como prueba el título valor. *"Tampoco es verdad que al admitir como prueba el título valor se esté consagrando la presunción del daño, pues justamente al darle alcance demostrativo a ese documento desaparece la objeción. Si se juzga que el cambial es prueba suficiente, en determinadas circunstancias, no hay lugar a presumir nada, sino a tener por verificados los hechos que configuran el enriquecimiento".*

Prueba del empobrecimiento y del enriquecimiento en la relación

cambiaria simple y cuando el título no ha circulado. *"En suma, en aquellos casos en que la relación cambiaria es simple, es decir, no hay giradores, endosantes ni avalistas y cuando el título no ha circulado, en tanto la relación se mantenga entre las partes iniciales, cómo no decir que la falta de pago empobrece al acreedor y enriquece al girador, para qué acudir a elucubraciones y **forzosos** razonamientos con el fin de desconocer una verdad inconcusa, cual es que alguien dejó de percibir el importe de un crédito y otro dejó de pagar ese mismo importe".*

Si el beneficio es la regla en el mundo comercial, ha de presumirse la contraprestación cambiaria, su equivalencia y su magnitud. *"Negar tan palmaria deducción, es tanto como presumir que tras el giro de títulos valores no hay ningún nexo causal, que entre comerciantes reina la liberalidad o beneficencia como causa general de creación de aquellos. No basta para zanjar las dudas la cita del caso a la firma de acomodamiento, pues se trata de una hipótesis bastante extraña a lo ordinario en el tráfico mercantil. Si el beneficio es la regla en el mundo comercial, ha de presumirse la contraprestación cambiaria, su equivalencia y su magnitud; en síntesis, no puede suponerse la ausencia de causa en el giro de títulos valores, pues ésta existe aunque no sea expresa".*

Es al deudor demandado a quien incumbe desquiciar la fuerza probatoria que emana del título valor, mismo que pese al advenimiento de la prescripción no deja de ser un documento auténtico del cual se presume la certeza de su contenido. *"Partir* *del innegable vigor del título valor como prueba idónea y suficiente de los elementos que configuran el enriquecimiento cambiario, no sólo agiliza la labor demostrativa del proceso, sino que además pone en manos del deudor que no paga, la tarea de demostrar que no se enriqueció en los términos cuantitativos que se consignan en el documento cambiario, o que su contendiente no se empobreció en tal extensión. Es a él, al demandado, a quien incumbe desquiciar la fuerza probatoria que emana del título valor, mismo que pese al advenimiento de la prescripción no deja de ser un documento auténtico del cual se presume la certeza de su contenido".*

"(...) llevar a límites extremos la exigencia de la prueba del enriquecimiento afecta sensiblemente la aplicación práctica de esa figura, pues impone al acreedor una prueba casi imposible, en tanto no bastaría demostrar que el tenedor dio algo a cambio del título valor, sino que estaría indebidamente compelido a acreditar que ese algo es valioso y que fue útil para el demandado".

Si al patrimonio del deudor llega esa participación, ahí está el enriquecimiento. *"(...) en el caso presente la prueba del enriquecimiento y del empobrecimiento recíproco, no reposa sólo en el título valor, pues obra en el expediente la declaración de Carlos ..., quien da cuenta de que la letra de cambio tuvo como contraprestación la participación que el deudor recibió en las acciones de la firma Sifa S.A., de modo que si al patrimonio del deudor llegó esa participación, ahí está el enriquecimiento".*

El beneficio patrimonial no puede

	juzgarse por la prosperidad adquirida. La ventaja del proyecto económico no puede ser la medida del provecho para el deudor. *"El argumento del Tribunal, según el cual no hubo enriquecimiento por el mal estado de la compañía adquirida, resulta inaceptable, en tanto que lo cierto es que frente a la emisión del instrumento hubo una contraprestación, por ende, el beneficio patrimonial no puede juzgarse por la prosperidad que pudo haber tenido la sociedad adquirida, pues la ventura de este proyecto económico no puede ser la medida del provecho para el deudor".*
17. Sentencia de 16 de diciembre de 2005 (M. P. Edgardo VILLAMIL PORTILLA). Sin publicar. **Casa** la sentencia impugnada por la parte demandante. **Reseña de la sentencia de segunda instancia, proferida el 3 de mayo de 2002 por el Tribunal Superior de Florencia:** Confirmó la sentencia de primera instancia (denegatoria de las pretensiones de la demanda, en la cual se consideró que la parte demandante carecía de legitimación para reclamar la indemnización, por cuanto, como no recibió los cheques de manos del librador, la obligación de éste quedaba en pie, y por ello ningún perjuicio recibió con el pago hecho a un tercero).	**Cheques fiscales y características de los mismos.** *"2. (...) a voces del artículo 1° de la Ley 1ª de 1980, se denominan cheques fiscales 'aquellos que son girados por cualquier concepto a favor de las entidades públicas definidas en el artículo 20 del Decreto 130 de 1976', a lo cual agrega ese mismo precepto que éstos se caracterizan porque: '1. El beneficiario sólo podrá ser la entidad pública a la cual se haga el respectivo pago. 2. No podrán ser abonados en cuenta diferente a la de la entidad pública beneficiaria. 3. No podrán modificarse al reverso la forma de negociación ni las condiciones de los mismos establecidas en el artículo 713 del Código de Comercio. 4. No son negociables ni podrán ser pagados en efectivo. A estos cheques se aplicarán en lo pertinente las normas contenidas en los artículos 737 y 738 del Código de Comercio. PAR.- Prohíbese a las entidades sometidas al control y vigilancia de la Superintendencia Bancaria acreditar o abonar en cuentas particulares cheques girados a nombre de las entidades públicas".* **Responsabilidad de los establecimientos bancarios y sanciones a sus empleados por el**

47

pago irregular de los cheques fiscales. *"Por su parte, el artículo 5º de la citada ley prescribe la responsabilidad del sistema financiero cuando establece que 'los establecimientos bancarios que pagaren o negociaren o en cualquier forma violaren lo prescrito en la ley, responderán en su totalidad por el pago irregular y sus empleados responsables quedarán sometidos a las sanciones legales y reglamentarias del caso', norma que acompasa con el artículo 799 del Estatuto Financiero (Decreto 663 de 1993), a cuyo tenor, 'los establecimientos bancarios que pagaren o negociaren o en cualquier forma violaren lo previsto en la ley sobre el cheque fiscal, responderán en su totalidad por el pago irregular y sus empleados responsables quedarán sometidos a las sanciones legales y reglamentarias del caso"*.

El beneficiario del cheque tiene acción contra la entidad financiera que paga el cheque a quien no debe. *"(...) el hecho de que el beneficiario de un título valor pueda tener otra acción contra el girador del cheque, no excluye el derecho a reclamar contra la entidad financiera que permitió la pérdida del instrumento al haber pagado el cheque a quien no debía"*.

No puede invocarse la resolución del pago de que trata el artículo 882 del C. Co. cuando dicho pago no se hace al tenedor legítimo y además el título se descarga con destinatario distinto de su beneficiario natural. *"(...) el artículo 882 del Co. de Co. invocado por el Tribunal para decidir el caso resulta absolutamente impertinente, pues el litigio no estuvo planteado sobre la premisa de un pago efectivamente hecho al tenedor del título, de modo que tampoco puede invocarse la resolución* *de ese pago, menos que el cheque no haya sido descargado, pues cabalmente lo fue, salvo que con destinatario distinto de su beneficiario natural.*

En efecto, el artículo 882 del C. de Co. supone para su aplicación un primer presupuesto ineludible, esto es, que el cheque no haya sido pagado o descargado de cualquier manera. Acontece en el caso, como ya se dijo, que el cheque sí fue girado y pagado por el banco librado con dineros del girador, de lo cual se sigue que resulta descaminado recurrir al citado precepto para prodigar la solución puesta al escrutinio de la jurisdicción.

(...)

Pero si lo anterior no fuese bastante para mostrar el yerro de la sentencia, no hay cómo explicar que se exija al demandante el cumplimiento de un requisito imposible, pues no tendría el Departamento del Putumayo como devolver unos títulos que nunca han estado en su poder, justamente porque jamás los recibió materialmente, menos con la intención de extinguir una obligación anterior.

Hay en el razonamiento del Tribunal, además, una contradicción severa, pues la invocación del artículo 882 del C. de Co. parte de dos supuestos: que hubo "entrega" al acreedor y que con ello se produjo el "pago" de la obligación, cuando nadie discute que en el caso de ahora no hubo entrega al acreedor legítimo y por lo mismo tampoco hubo pago con tal entrega, menos que dicho pago pudiera ser resuelto por el advenimiento posterior de la falta de descargo, cuando toda la evidencia muestra que el título sí fue descargado".

"En conclusión, el argumento de ausencia de legitimación del demandante derivado de una improbable relación negocial con un tercero, no excluye la responsabilidad extracontractual planteada en este litigio con arreglo al pago irregular que hiciera el banco demandado".

Las previsiones y precauciones que el legislador dispuso para los cheques fiscales, son seguridades que en lo fundamental protegen al beneficiario y al girador. *"4. De otro lado, las previsiones y precauciones que el legislador dispuso para los cheques fiscales, por la propia naturaleza de estos, hace que tengan una circulación restringida; son seguridades que en lo fundamental protegen al beneficiario y al girador, pues éste también es salvaguardado cuando recurre al giro de cheque fiscal, en tanto que por este medio adquiere la plena certeza de que los fondos con que aprovisiona su cuenta corriente llegarán al destino verdadero, y así, nadie distinto del beneficiario puede tomar esos valores, con lo cual la seguridad de extinción de la deuda es total. Dicho de otro modo, cómo afirmar, con la contundencia que el Tribunal emplea, que subsiste la obligación de ICEL, si es que éste giró un cheque fiscal –con toda la seguridad que ello implica– para extinguirla.*

Síguese de ello que desatendidas como fueron las precauciones y seguridades por parte del Banco, el beneficiario del cheque fiscal tiene legitimación bastante para reclamar a dicho Banco por todo el perjuicio que hubiere padecido, como nítidamente dispone la Ley 1ª de 1980 antes citada".

No puede el banco que ha incurrido en una culpa que a

| | **todas luces es independiente y autónoma, exonerarse de responsabilidad alegando que hay otra culpa anterior que impide la suya.** *"5. En síntesis, en lo que tiene que ver con la legitimación del demandante para invocar las súplicas de la demanda, debe decirse que no puede el banco que ha incurrido en una culpa que a todas luces es independiente y autónoma, exonerarse de responsabilidad alegando que hay otra culpa anterior que impide la suya. En verdad, aunque se admite que el girador (ICEL) jamás debió haber entregado los cheques al Alcalde de Puerto Leguízamo, esa entrega irregular deja de tener toda importancia en atención a lo singular de los títulos entregados (cheques fiscales), pues estos sólo podían ser descargados en la cuenta del beneficiario.*

Se afirma lo anterior, porque la modalidad de cheque fiscal, busca blindar de tal modo un instrumento de esta especie que a pesar de su perdida o extravió nadie distinto a su beneficiario lo pueda cobrar. La experiencia señala que la sustracción de cheques oficiales y el desvío de fondos públicos suceden con más frecuencia de lo deseado, y aunque así no debieran pasar las cosas, en verdad el sistema de salvaguardas del cheque fiscal, casi torna intrascendente su pérdida, pues nada vale ese título para quien lo halle o sustraiga, ya que en verdad está prohibida su circulación, o al menos reducida al acto de simple cobro entre bancos, si es que se cumple lo que la ley manda al respecto, es decir, que sólo puede ser cobrado por el beneficiario único, lo que en este caso no aconteció por culpa evidente del banco demandado. |

En esta dimensión de las cosas, la culpa del banco que paga un cheque fiscal a persona diferente de su beneficiario es independiente de todo evento anterior, pues precisamente la tenencia indebida de un cheque fiscal carecería en absoluto de significado para el detentador, como quiera que tal instrumento, creado y entregado aunque a persona distinta de su beneficiario, nada vale en manos ajenas. Por el contrario, el instrumento adquiere significado económico, potencialmente generador de efectos dañinos, cuando el banco admite, contra toda prohibición legal, pagarlo a persona distinta de su beneficiario exclusivo. Dicho a manera de tropo, un cheque fiscal en manos de quien no es su beneficiario exclusivo es como un explosivo sin detonante, pues el poder destructor viene de la conducta del banco y no del desvío material del cheque fiscal o de su sustracción".

(...)

"La legitimación de la demandante viene entonces de acusar que un efecto negociable, del que era destinatario natural y exclusivo, se pagó indebidamente por culpa de la demandada, sin que esta pueda anteponer que la obligación original subsiste, pues la validez y efectividad del pago mediante la emisión del cheque cubre y ampara también al emitente. Presumir que el 'ICEL' nada pagó, a pesar de haber girado un cheque fiscal y no obstante que el dinero fue debitado de su cuenta bancaria, es tanto como admitir que la circulación absolutamente restringida del cheque fiscal en nada protege al girador, y pero aún, que un cheque girado con tantas prevenciones puede ser cobrado por cualquiera, y que el resguardo que éste brinda tampoco

cobija al beneficiario, porque otro puede suplantarlo sin consecuencias para la entidad financiera que observa tan irregular proceder. Esta forma de razonar debe ser descalificada, pues el cheque fiscal, guarece tanto al beneficiario como al girador. En lo que respecta a éste, en el momento que gira el instrumento con tan severa restricción, tiene la certeza del patente efecto liberador del acto, con mayor razón si realmente es que resulta debitado de su cuenta, como aquí ocurrió, pues justamente es en este momento final en el que el título es descargado de la cuenta, atado a la emisión restringida, cuando el girador adquiere la plena certeza de que el dinero ingresó a las arcas de su acreedor y no a las ajenas. Desde luego que la protección se extiende al beneficiario que confiado puede estar de que si el cheque fiscal lleva su nombre en la casilla del beneficiario, exclusiva por mandato legal, la pérdida, sustracción o extravío, no comporta mayor peligro, pues nadie más en su nombre lo puede cobrar en el sistema bancario por el cual deben pasar. Justamente, tan especiales circunstancias hacen superlativo el deber de cuidado que se exige de las entidades financieras, las cuales, de antemano, ya están obligadas a desarrollar sus actividades con especial prudencia y diligencia (...)".

El banco demandado incurrió en un proceder negligente configurativo de culpa. *"(...) el banco demandado incurrió en un proceder negligente, configurativo de culpa, pues sin mayor esfuerzo puede concluirse que a pesar de las expresas y contundentes previsiones impuestas en los artículos 5º de la Ley 1ª de 1980 y 799 del Estatuto Tributario, pagó los referidos títulos valores a quien no era* *su exclusivo beneficiario".*

1. El daño moral no es predicable respecto de una persona jurídica.
"No hay lugar a acceder a la indemnización del daño moral enunciado en la demanda, como quiera que tal especie de perjuicio –entendido como la aflicción, el padecimiento y el dolor espiritual que pudo sufrir la Gobernación del Putumayo– no es de aquellos que pueda padecer una persona jurídica, en la medida en que respecto de éstas, dado su carácter eminentemente ficto, no resulta predicable la existencia de una lesión de tal naturaleza, pues tales estados de ánimo son propios exclusivamente de las personas naturales".

---

18. Sentencia número 066 de 26 de junio de 2007 (M. P. Ruth Marina Díaz Rueda). Publicada en *Jurisprudencia y Doctrina*, t. XXXVI, N° 428, Legis, agosto de 2007, pp. 1300 a 1311. **No Casa** la sentencia impugnada por la parte demandante.

En esta sentencia se reitera la doctrina contenida en las sentencias de **6 de diciembre de 1993, 25 de octubre de 2000 y 6 de abril de 2005** en cuanto a que la prueba del enriquecimiento y del correlativo empobrecimiento no se satisface con la mera exhibición del instrumento impagado.

Reseña de la sentencia de segunda instancia, proferida el 6 de abril de 2006 por el Tribunal Superior de Valledupar: Confirmó la sentencia de primera instancia, denegatoria de las pretensiones de la demanda.

El título valor decaído o degradado no es suficiente prueba del empobrecimiento de quien reclama y el agrandamiento del patrimonio de la parte convocada.
"(...) si bien en materia de la acción de enriquecimiento hay absoluta libertad probatoria, la mera exhibición o incorporación a la demanda como anexo del título valor decaído o degradado no es suficiente para dar por comprobado el requisito atinente al empobrecimiento de quien reclama y el agrandamiento del patrimonio de la parte convocada a responder.

El accionante en estos casos tiene la carga imperativa de demostrar la pérdida sufrida por él y la ganancia obtenida por la contraparte. Su comportamiento no puede limitarse, como aquí aconteció, a anexar al libelo inicial los cuarenta y ocho cheques que no le fueron descargados por el banco en el que la persona jurídica de derecho público tenía la cuenta corriente. Fatalmente estaba en el debe de acopiar

Providencias en las cuales ha sido reiterada la sentencia de la Corte de 26 de junio de 2007: sentencia de **14 de diciembre de 2011** en cuanto a que la prueba del enriquecimiento y del correlativo empobrecimiento no se satisface con la mera exhibición del instrumento impagado.

*los medios de convicción necesarios para comprobar los extremos exigidos por la normatividad propia de la **actio in rem verso**, aspecto que descuidó y dejó en la más completa orfandad probatoria, puesto que de manera equivocada se limitó a aportar tales instrumentos con la errada creencia que con los mismos cumplía la carga en cuestión".*

No puede afirmarse que se esté recurriendo a una reprochable e inaceptable tarifa legal. *"No puede afirmarse válidamente que, a pesar de que se predica la libertad probatoria para verificar las mencionadas condiciones empobrecimiento-enriquecimiento, se esté recurriendo a una reprochable e inaceptable tarifa legal en la que se proscribe injusta e indebidamente determinada probanza, concretamente el documento cambiario. Nada de eso. Lo que se quiere relievar y privilegiar en este caso es el hecho de que tal título **per se** no es suficiente para los fines propios de la acción estudiada y que siempre tiene a su cargo la persona que reclama su buen suceso el deber de establecer de qué manera o de qué forma padeció el deterioro patrimonial alegado y, de manera correlativa, cómo esa situación condujo al acrecimiento de los haberes de la contraparte. Se trata del agotamiento necesario de una actividad probatoria encaminada en tal sentido y no de una mera sustentación en el hecho de no haberse pagado el titulo valor que se corrobora con su exhibición al plenario".*

Es indiferente que el título haya circulado o no. *"Además, la precariedad probatoria de la mera aducción del título no solucionado y prescrito o caducado es absoluta para demostrar el aumento patrimonial de una parte y el menoscabo en este de la otra, siendo indiferente que el título haya* *circulado o no. La situación no cambia para ninguno de los tenedores legítimos posteriores o para el inicial. En ambos eventos la carga de la prueba sigue siendo inmodificable y le corresponde, sin atenuantes, a quien alega en su beneficio la citada acción. No hay ninguna alteración dependiendo de que el mismo haya sido objeto de transferencias o negociaciones en las que haya variado su beneficiario, mucho más cuando en tales eventualidades no hay certeza en cabeza de quién se consolidó o se produjo la situación que debe probarse".*

No es necesario entrar a examinar lo concerniente a la suspensión de la prescripción dado el carácter totalizador de las reflexiones concernientes *"Finalmente, la Corte no considera necesario entrar a examinar la trascendencia de la acusación a la luz de un hecho que pasó inadvertido para el tribunal, esto es, el concerniente a los efectos que sobre la suspensión de la prescripción (L.550/99, art. 14) hubiese podido aparejar el trámite de reestructuración de pasivos, según las previsiones de la normatividad mencionada, a que estaba sometido el municipio de Astrea y del cual da cuenta la certificación obrante a folios 166 a 167 expedida por el Ministerio de Hacienda y Crédito Público. Y no estima oportuno la Sala cualquier disquisición al respecto dado el carácter totalizador de las reflexiones precedentes".*

Salvamento de voto (M. P. Jaime Alberto ARRUBLA PAUCAR): En este salvamento de voto se reitera la doctrina contenida en la sentencia de **3 de abril de 1990** en cuanto a que en la demostración de los elementos de la ***actio in rem***	**Los títulos valores gozan de eficacia probatoria.** *"Pero además, gozan* (refiriéndose a los títulos valores) *de 'eficacia probatoria', ya que 'si instrumento y derecho se hallan indisolublemente ligados, este sólo se puede acreditar con la exhibición de aquél' (Cas. Civ., oct. 23/79), de manera*

verso cambiario no existe restricción en el empleo y valoración de los medios de convicción, pudiéndose acudir a cualquiera de ellos.

que son también documentos probatorios, y como tales rinden la prueba de la prestación cambiaria materializada en ellos, con fuerza demostrativa plena, en atención a la presunción de autenticidad que los acompaña –art. 252 num. 5° in fine del C.PC-, que rodea de certidumbre su autoría y origen".

De esa eficacia persuasiva no quedan despojados por la pérdida del vigor cartular. El título seguirá demostrando el activo que en el acervo del tenedor constituía el crédito cambiario, y la condigna disminución que su pérdida apareja. *"Y de esa eficacia persuasiva que les es connatural no quedan despojados por la pérdida del rigor cartular que conlleva el decaimiento de las acciones de regreso, o la prescripción tanto de éstas como de las acciones directas, porque aunque inejecutable, el título seguirá demostrando el activo que en el acervo del tenedor constituía el crédito cambiario, y la condigna disminución que su pérdida apareja, sobre todo frente a postulados básicos en el régimen mercantil, como el de la buena fe, presumida como estado normal en el obrar de los sujetos que participan en el tráfico comercial –art. 835 del C. de Co.– y la onerosidad, que si bien no ha sido objeto de consagración expresa, irradia el orden mercantil, que en toda su extensión revela el animus lucrando como motor de las actividades que se reputan como tales, entre las que se comprenden el giro, otorgamiento, aceptación, garantía o negociación de títulos valores –art. 20, num. 6° ib.–".*

"(...) Como sostiene Cámara, además de valerle para acreditar su calidad de portador, el título valor cuyas obligaciones se hayan extinguidas, servirá 'para fijar el monto del perjuicio;

como se ha expresado, la prescripción y la caducidad no convierten el documento en una nada jurídica' (Cámara Héctor, Letra de cambio y vale o pagaré, III tomo, Ediar, Buenos Aires, 1980, pág. 456)".

El título valor, cuando se haya en poder del original beneficiario, puede exteriorizar la ventaja que reporta el signatario que se ve librado del descargo. *"En ese orden de ideas, el título valor que debe allegarse al proceso tiene la fuerza probatoria suficiente para demostrar el desplazamiento económico que en perjuicio del acreedor gestan, por su eficacia liberatoria, los fenómenos anunciados, así como su magnitud, y bajo ciertas circunstancias puede también exteriorizar la ventaja que reporta el signatario que se ve librado de su descargo. Así ocurre, v. gr. cuando se halla en poder del original beneficiario, porque sin perjuicio de su derecho de demostrar, dentro del escenario del proceso, que no hubo incremento en su haber, lo cierto es que si el desplazamiento de valores se da entre las partes inmediatas en la relación cartular y causal, lógico es pensar que si una se afecta porque el crédito no ha sido cubierto, la que se favorece es la que estaba obligado a solucionarlo, sobre todo si en la creación del documento y en la incorporación del crédito cambiario suele resguardarse un acto interesado y no de liberalidad, lo que no acontece cuando ha habido circulación, porque interviniendo varios obligados, y creándose entre ellos, relaciones distintas e independientes, cualquiera puede beneficiarse con la caducidad o prescripción del instrumento y para su identificación el título puede quedarse corto.*

De todas maneras, si el documento

cambiario allegado al proceso con las constancias de no haber sido cubierto, es suficiente para fijar, por sí, esos extremos, no hay razón valedera para negarle esa fuerza, puesto que su estimación resulta admisible a la luz del principio de libertad probatoria imperante en el régimen procesal actual, que consiente la aducción, en juicio, de todo medio capaz de forjar en el sentenciador la convicción sobre los hechos que se investigan, y que en el caso no ha sido objeto de reserva legal expresa".

Desconocer ese mérito es someter a un rigor extremo la comprobación de los sustratos del enriquecimiento injusto, haciendo inoperante el remedio adoptado por el legislador para morigerar los efectos de un régimen cambiario severo. *"Por supuesto que por ese medio no se confiere licencia al acreedor para obtener todo lo que habría conseguido mediante el ejercicio de la acción cartular. Se le admite a 'probar' dentro del esquema de libertad de medios que impera, el florecimiento patrimonial del demandado, a sus expensas, con un instrumento que puede ser, incluso, el más apropiado para demostrarlo, de modo que desconocer ese mérito para exigir el complemento de otras piezas, es someter a un rigor extremo la comprobación de los sustratos del enriquecimiento injusto, haciendo inoperante, a la larga, el remedio adoptado por el legislador para morigerar los efectos de un régimen cambiario severo, introduciendo, de paso, una tarifa probatoria que la ley no ha consagrado".*

Las circunstancias particulares de cada caso determinan la eficiencia o insuficiencia del título valor caducado o prescrito que sirve de

59

	fundamento a la acción de enriquecimiento cambiario. *"En suma, la eficiencia o insuficiencia del título valor caducado o prescrito que sirve de fundamento a la acción de enriquecimiento cambiario, para manifestar el beneficio recibido por uno de los obligados al pago, a costa del demandante, no constituye una premisa que se imponga como valor absoluto. Serán las circunstancias particulares de cada caso las que sirvan para determinar si por sí solo basta para la atención de la carga probatoria que sobre esos factores sobrelleva su proponente, o por el contrario, debe complementarse con otras piezas".*
Salvamento de voto (M. P. Edgardo VILLAMIL PORTILLA):	**El demandante demuestra el empobrecimiento económico con solo aportar los títulos valores en que constan las obligaciones.** *"Creo que de modo general el demandante demuestra el empobrecimiento económico con solo aportar los títulos valores en que constan las obligaciones, pues la presencia de ellos es bastante para dar por probado que el advenimiento de la prescripción condujo al detrimento patrimonial del acreedor.* *Los títulos valores son cosas que portan valor, y cuando están perjudicados por la prescripción se envilecen en cuanto ya no representan valor, pero subsisten como documentos demostrativos de una relación obligacional marchita. No se trata, como a primera vista pudiera pensarse, que al mantener el valor probatorio de los títulos valores se hace subsistir la acción cambiaria, nada más lejano a la realidad. De lo que se trata es de no desaparecer los títulos valores como documentos, y como tales con capacidad de permitir el flujo de información para formar la convicción*

sobre el enriquecimiento y el empobrecimiento".

Sin descartar otras situaciones, cuando los títulos valores no han circulado, son suficientes como demostración del enriquecimiento. *"En especial, y sin descartar otras situaciones, cuando los títulos valores no han circulado, son suficientes como demostración del enriquecimiento, porque no aparecen súbitamente de la nada, por el contrario emergen en un contexto rodeado de circunstancias que anudadas sin esfuerzo dan la medida del enriquecimiento y el empobrecimiento".*

La desaparición de un activo causa empobrecimiento y enriquecimiento, de modo especial si se trata de cheques. *"El contexto a que se alude atañe a que tiene que ver con que la actividad mercantil tiene como telón de fondo la ganancia y el lucro, no la beneficencia o la gratuidad. Así las cosas, es de suponer que los títulos valores no emergen de modo general de un acto de esplendidez del girador sino que algo a cambio se dio. Así las cosas, la desaparición de un activo causa empobrecimiento y enriquecimiento, de modo especial si se trata de cheques, pues ellos son una orden pago para afectar los fondos de una cuenta, no son garantía de nada, son un mandato al banco librado para que afecte una cuenta y si tal cosa no se hace, todo parece indicar que el girador gana y el tenedor pierde con ocasión de la prescripción".*

"(...) el cheque refleja con mayor solidez la transferencia de capitales entre quienes figuran en el documento, pues según ya se dijo, aquellos títulos incorporan dinero de manera inmediata, sin ninguna modalidad temporal jurídicamente admisible, de donde se

sigue que el cheque representa, con mayor aptitud demostrativa, que alguien dejó de percibir una suma de dinero y otro correlativamente dejó de pagar ese mismo importe, pues si el dinero del girador sigue intacto en el banco y el acreedor nada recibe porque la orden de pago no se cumple, ahí está la medida del empobrecimiento y el enriquecimiento".

No puede suponerse la causa gratuita en los títulos valores. Tampoco sirve como ejemplo de gratuidad la llamada 'firma de acomodamiento'. *"Si el beneficiario es la regla general en el mundo mercantil, ha de presumirse la contraprestación cambiaria, su equivalencia y su magnitud; en síntesis, no puede suponerse la causa gratuita en los títulos valores. Tampoco sirve como ejemplo de gratuidad la llamada 'firma de acomodamiento', que a veces se trae a colación en asuntos semejantes, pues se trata de una hipótesis bastante extraña a lo ordinario en el tráfico comercial".*

La prescripción no resta capacidad probatoria al título valor como documento que conserva naturalmente su función como prueba para acreditar el monto del enriquecimiento del deudor y del empobrecimiento correlativo del acreedor. *"Es infundado el temor de que admitir el título en su fuerza documentaria, como prueba del enriquecimiento, sea una reviviscencia de la acción cambiaria; por el contrario, es más bien el cabal entendimiento del principio de libertad probatoria, pues la prescripción no resta capacidad probatoria al título valor como documento que conserva naturalmente su función como prueba para acreditar el monto del enriquecimiento del deudor y del empobrecimiento correlativo del*

	acreedor, quien sin duda alguna deja de percibir un crédito al que tenía derecho, en claro perjuicio de su patrimonio". *"(...) Nada se presume si la prueba está en los documentos que en antes tenían fuerza ejecutiva y la perdieron. Si se adscribe al documento la fuerza probatoria que debe tener, ya que el derecho de las pruebas no trae una tarifa negativa para excluirlo como instrumento de demostración, no hay lugar a presumir nada, sino a tener por verificados los hechos que configuran el enriquecimiento".* **Corroboración de la medida del enriquecimiento y empobrecimiento por aceptación de la deuda.** *"Nótese en el mismo sentido, que el municipio demandado dijo en una conciliación de la existencia de un proceso de reestructuración –Ley 550 de 1999–, en la cual se considerarían estos créditos, circunstancia que deja ver a las claras que no se ha negado la existencia de las deudas y las obligaciones incorporadas en los títulos valores. Dicho con algún temor, esas afirmaciones del girador en otro contexto darían pie a la renuncia de la prescripción y aquí corroborarían la medida del enriquecimiento y el empobrecimiento por aceptación de la deuda".*
Salvamento de voto (M. P. Manuel Isidro ARDILA VELÁSQUEZ):	**Cuando los títulos valores pierden fuerza cambiaria por prescripción, o caducidad, es dable colegir que su tenedor legítimo ha perdido el derecho incorporado en el título valor. Desde luego que es una presunción de hombre.** *"Independientemente de la autonomía de los títulos valores, jamás se puede ocultar que ellos obedecen a una causa que, por lo general, es seria y lícita.*

	Cuando, por lo mismo, ellos pierden fuerza cambiaria por fenómenos tales como la prescripción, y la caducidad, es dable colegir, también como línea de principio, que un derecho ha perdido su tenedor legítimo, que no es otro que el que incorporado está en el título valor. Disminución patrimonial que las más de las veces representa acrecimiento económico del deudor, quien por el fenómeno prescriptivo o el de la caducidad no ha tenido que descargarlo aún.
	En condiciones semejantes, pregunto yo ¿será un atropello a la razón presumir que quien deja de recibir el monto de un título valor, perjudicado está en esa misma medida? Ciertamente no. Es de sindéresis suponer entonces que esa pérdida le causa un perjuicio. Desde luego que es una presunción de hombre, y enervarla se puede, pues que lo haga quien lo alegue, demostrando que en su excepcional caso, contra todo lo que se piensa, ningún perjuicio hubo. Requerimiento probatorio que no es descomunal, pues le bastaría acreditar que la existencia del cheque, por ejemplo, carece de causa. Es por ese mecanismo como se impregnaría de lógica el tema probatorio en asuntos semejantes. Recuérdese que quien acciona con fundamento en el artículo 882 del Código de Comercio, no es un demandante cualquiera, sino que ocurre ante los tribunales demostrando de entrada que el cheque que tiene en sus manos no ha sido pagado".
	"(...) adhiero por lo demás a los desarrollos sustentadores que aparecen en los anteriores salvamentos de voto".
19. Sentencia número 147 de 19 de diciembre de 2007 (M. P. Pedro Octavio MUNAR CADENA). Publicada en *Jurisprudencia y Doctrina*, t.	**La acción de enriquecimiento cambiario es conocida de tiempo atrás por distintos ordenamientos.** *"1. La acción de*

XXXVII, N° 435, Legis, marzo de 2008, pp. 343 a 347. **No Casa** la sentencia impugnada por la parte demandante.

En esta sentencia se reitera la doctrina contenida en las sentencias de **6 de diciembre de 1993** en cuanto a que se trata de una modalidad peculiar de la *actio in rem verso*; y **14 de marzo de 2001** en cuanto a que no es necesaria la declaración judicial de la caducidad o prescripción.

Reseña de la sentencia de segunda instancia, proferida el 15 de junio de 2006 por el Tribunal Superior de Valledupar: Confirmó la sentencia de primera instancia (que declaró probada la excepción de prescripción de la acción de enriquecimiento sin causa, desestimó las pretensiones de la demanda y condenó en costas al demandante), y condenó en costas de segunda instancia al apelante.

Providencias en las cuales ha sido reiterada la sentencia de la Corte de 19 de diciembre de 2007: sentencia de **26 de junio de 2008** en cuanto a que mientras la caducidad se erige como un obstáculo para ejercer la acción, la prescripción ataca no solo la potestad de accionar sino el derecho mismo, y en cuanto a que no se requiere declaración judicial de prescripción de la acción cambiaria; sentencia de **13 de octubre de 2009** y **26 de junio de 2018** En cuanto a que no se requiere declaración judicial de prescripción de la acción cambiaria; y sentencia de tutela de **10 de junio de 2015** en cuanto a que no es

enriquecimiento sin causa derivada de la caducidad o prescripción de la acción cambiaria, a la que alude el artículo 882 del Código de Comercio, es conocida de tiempo atrás por distintos ordenamientos e, incluso, la *Ordenanza del Comercio Terrestre de Luís XIV* hacía incipiente referencia a un principio de equidad ante el vencimiento de la oportunidad fijada para el protesto, regla que reaparece en el *Código de Comercio Francés* y el *Código Italiano de 1865*. Con mayor concreción, el *Derecho Alemán* (artículo 83 de la *Ordenanza General de Cambio de 1848*) previó que '(...) cuando la obligación cambiaria del librador o del aceptante se ha extinguido por prescripción o por haber omitido los actos legalmente previstos para la conservación del Derecho cambiario, el librador y el aceptante quedan obligados frente al tenedor de la letra, en tanto en cuanto se hayan enriquecido en perjuicio suyo. Contra los endosantes cuya acción se haya extinguido no tiene lugar esta acción (...)".

Remedio específicamente cambiario (no de derecho común). *"Lo que en esa normatividad reluce es que para el legislador germano la acción de enriquecimiento se evidenció como el mecanismo más idóneo para no vulnerar en otra medida los intereses del portador por razón de la férrea disciplina de la caducidad y la prescripción que eran francamente favorables a los obligados.*

Justamente esa percepción ha permitido a un sector de la doctrina ver la acción de enriquecimiento "como un remedio específicamente cambiario (no de derecho común) destinado a atemperar los efectos de la supresión de toda norma referida a la provisión ... y la consiguiente pléyade de relaciones causales y personales a ella vinculadas".

necesario que se profiera sentencia previa de extinción de la acción cambiaria por prescripción o caducidad, como referente para la contabilización del término extintivo de la *actio in rem verso*.

La acción de enriquecimiento es residual. La suma pretendida puede ser inferior o igual, pero no superior a la indicada en el título. Prescribe en un término breve. Tiene carácter subsidiario, porque no es proponible cuando el damnificado puede ejercitar otra acción. *"'la acción de enriquecimiento es residual, es un 'resto' de la acción cambiaria directa o de regreso porque es una acción específica sobre la que se pueda apuntar las siguientes connotaciones que la particularizan: a) presupone una letra, un pagaré o un cheque válido; b) surge como consecuencia de la caducidad o prescripción de las acciones cambiarias; c) solo puede hacerla valer el portador (poseedor legitimado) del título; d) se dirige solamente contra quien sea ya obligado cambiario o, más bien, contra algunos solamente entre los obligados cambiarios; e) tiende a hacer conseguir al portador una suma que podrá ser inferior o igual, pero no superior, a aquella indicada en el título. f) se prescribe en un término breve; g) esta acción tiene carácter subsidiario porque, no es proponible cuando el damnificado puede ejercitar otra acción (cambiaria o causal)'* (Castellano, G., citado por Bonfanti y Garrone. De los títulos de Crédito. Segunda Edición. Abelado – Perrot. Buenos Aires)".*

Remedio enderezado a reclamar por el enriquecimiento injusto del demandado en detrimento del acreedor demandante, derivado de la extinción, por prescripción o caducidad, de la acción cambiaria y la ausencia de la acción causal, que se circunscribe al monto de esa injustificada atribución patrimonial. *"Trátase, pues, de un remedio que está enderezado a reclamar por el enriquecimiento injusto del demandado en detrimento del acreedor demandante, derivado de la* *extinción, por prescripción o caducidad, de la acción cambiaria y la ausencia de la acción causal, pedimento que, precisamente, se circunscribe al monto de esa injustificada atribución patrimonial. Si bien puede inferirse que la aludida acción entraña una peculiar paradoja en cuanto califica como injusta la atribución patrimonial derivada de la prescripción o la caducidad de la acción cambiaria, circunstancias que en todo el ámbito restante del Derecho Privado comportan una causa eficiente y válida de aprovechamiento económico, si bien las cosas podrían percibirse de ese modo, se decía, lo cierto es que las legislaciones contemporáneas, concientes de la rígida disciplina de la prescripción y, particularmente, de la caducidad de los títulos valores, de la cortedad de sus términos y la rigurosidad de sus exigencias formales que obran contra el tenedor, decidieron, en obsequio al equilibrio, consagrar este último medio de reclamación".*

Requisitos medulares. *"De ahí que, para concretar sus requisitos medulares deba decirse que su procedencia está supeditada a que: a) el acreedor hubiese dejado caducar o prescribir la acción cambiaria; b) que, justamente por tal razón, se produzca un enriquecimiento del demandado en detrimento del acreedor accionante; y c) que dado el carácter subsidiario de la acción, el demandante no disponga de otra acción, particularmente la causal".*

Mientras la caducidad se erige como un obstáculo para ejercer la acción, pues no la deja nacer, la prescripción ataca no solo la potestad de accionar sino el derecho mismo. De común

tienen las dos que su dinámica está sometida a los términos establecidos por la ley.

"Relativamente al primer aspecto, esto es, el concerniente con la caducidad o prescripción del 'instrumento', punto único a auscultar a propósito de despachar el cargo, tiénese dicho que uno y otro son mecanismos que efectivamente impactan de manera negativa el derecho incorporado en el documento, pues una vez acaezcan, el mismo deviene inútil y desprovisto de una de sus principales características como es la de viabilizar la acción cambiaria; sin embargo, mientras que la caducidad se erige como un obstáculo para ejercer la acción, pues no la deja nacer, la prescripción, por su parte, ataca no solo la potestad de accionar sino, igualmente, el derecho mismo; no obstante, ambas surgen como una sanción impuesta por la legislación comercial a quién detentando un título negociable, se muestra negligente o remiso en iniciar o proseguir aquellas actividades que le permitirían mantener incólume lo que el documento incorpora. A pesar de sus diferencias, de común tienen las dos, que su dinámica está sometida a los términos establecidos por la ley. Por ello, el acreedor que recibe un título valor como mecanismo extintivo de una obligación precedente, asume el compromiso de respetar, atendiendo la clase del documento negociable de que se trate, los términos fijados en la respectiva codificación ya para el pago, su presentación para tal efecto, ora para el protesto o eventualmente la iniciación de las respectivas acciones para impedir la consumación de la caducidad o de la prescripción. No proceder en tal forma, esto es, en desconocimiento de dichos plazos, es exponerse a la aplicación de las sanciones legales, las que se reducen,

	regularmente, a patentizar una u otra".
	No es necesaria la declaración judicial de la caducidad o la prescripción. (Se remite aquí al numeral 6.2. de la sentencia de 14 de marzo de 2001).
	El año fijado en el artículo 882 comienza a correr desde el día en que haya caducado o prescrito el instrumento sin que se requiera declaración judicial de prescripción respecto de la acción cambiaria. (Se remite aquí al numeral 6.3. de la sentencia de 14 de marzo de 2001).
	Refrendar la pretensión de establecer como requisito para que opere la acción de enriquecimiento cambiario, la adopción de una sentencia que declare la prescripción, previamente alegada por el deudor, genera(ría) incertidumbre e indefinición de los derechos por cuenta de quien ha sido omisivo en el ejercicio de sus potestades. *"3. Ahora, no existen circunstancias que persuadan a la Corporación para variar su postura doctrinal, cuando, al contrario, los aspectos determinantes de su criterio sobre el punto continúan en vigor. Y es que refrendar la pretensión de establecer como requisito para que opere la acción de enriquecimiento cambiario, la adopción de una sentencia que declare la prescripción, previamente alegada por el deudor, genera incertidumbre e indefinición de los derechos por cuenta de quien ha sido omisivo en el ejercicio de sus potestades, pues es tanto como autorizarlo para que en cualquier momento, aún de manera*

manifiestamente tardía, inicie un proceso ejecutivo, solamente con la perspectiva de intentar rescatar la acción de enriquecimiento; por supuesto, que mirar así las cosas es extenderle a ese acreedor negligente la posibilidad de decidir cuándo y bajo qué circunstancias precipita la ejecución, controlando así aún de manera caprichosa el manejo de los tiempos o la época de iniciación de la respectiva acción coactiva, con miras a viabilizar posteriormente esta otra reclamación, obviamente con el notorio detrimento de la seguridad jurídica".

El propósito del legislador al fijar términos u oportunidades, para la realización de ciertos actos, busca, esencialmente, combatir que las situaciones que atañen a los procesos o efectividad de los derechos, queden en la indefinición o incertidumbre, o entronicen el pleno arbitrio de una de las partes. *"No puede distraerse la atención en cuanto que el propósito del legislador al fijar términos u oportunidades, para la realización de ciertos actos, busca, esencialmente, combatir que las situaciones que atañen a los procesos o efectividad de los derechos, queden en la indefinición o incertidumbre, o entronicen el pleno arbitrio de una de las partes; aspecto que no se lograría al conceder al acreedor-demandante la posibilidad de decidir cuándo da inicio al proceso ejecutivo y a partir de ello controlar el momento en que se inicia el cómputo del término previsto en el artículo 882".*

No hay necesidad de la sentencia ejecutiva previa a la *actio in rem verso*, en donde se evidencie la extinción de la acción cambiaria en razón a la prescripción o la

caducidad. No puede aceptarse que el legislador haya incorporado como condicionante de la acción de enriquecimiento el que se hubiese proferido decisión judicial como referente para la contabilización del término extintivo de esta acción. *"Reitera, pues, la Sala que no hay necesidad de la sentencia ejecutiva previa a la **actio in rem verso**, en donde se evidencie la extinción de la acción cambiaria en razón a la prescripción o la caducidad, pues la norma evocada no contempla tal requisito; tampoco surge de la naturaleza de una u otra institución, pues de ordinario el cumplimiento de las obligaciones no es el fruto del cobro coercitivo sino la consecuencia de un comportamiento espontáneo del deudor, quien para honrar sus compromisos no tiene, inevitablemente, que verse compelido por una orden judicial; en regla de principio, las deudas se satisfacen sin la intervención del aparato estatal, las personas contratan o adquieren compromisos no pensando en la coacción para satisfacerlas; por ello, no puede aceptarse que el legislador haya incorporado como condicionante de la acción de enriquecimiento el que se hubiese proferido decisión judicial como referente para la contabilización del término extintivo de esta acción. Desde luego, atendiendo el acontecer normal de las cosas, es dable colegir que quien no ha acudido a los mecanismos ordinarios o legales de pago pretende hacer valer en su favor la prescripción en caso de que el acreedor no reclame oportunamente lo suyo".*

*"**El tiempo a partir del cual debe contabilizarse la oportunidad límite para aducir a la jurisdicción la respectiva acción de enriquecimiento,***

lo prevé con meridiana claridad la ley mercantil (art. 882), y no es otro que el vencimiento previsto por la normatividad respectiva para que sobrevenga la prescripción, cuando de ella se trate, como en este caso; esto es, se insiste, que no involucra sino el vencimiento del lapso de tiempo fijado, sin que sea menester un pronunciamiento adicional de funcionario alguno".

El término para la acción de enriquecimiento comienza a correr igual si sobreviene antes de la presentación de la demanda, o si se intenta el cobro ejecutivo, pero se declara la prescripción alegada por el ejecutado. *"Ahora, asevera el casacionista que el artículo 882 del Código de Comercio, contempla dos hipótesis, una cuando el término sobreviene antes de la presentación de la demanda; y, la otra, cuando se intenta el cobro ejecutivo, pero se declara la prescripción alegada por el ejecutado, supuesto en el cual, según el censor, comporta contabilizar el término a partir de la sentencia correspondiente; empero, ese discernimiento no es plenamente ajustado a la realidad, pues del texto del artículo referido se desprende cosa diferente. En efecto, la norma prevé: '...Si el acreedor deja caducar o prescribir el instrumento, la obligación originaria o fundamental se extinguirá asimismo; no obstante, tendrá acción contra quien se haya enriquecido sin causa a consecuencia de la caducidad o prescripción. Esta acción prescribirá en un año'. Como diáfanamente se aprecia no hay allí distinción de ninguna índole, ni hay cabida para un ejercicio hermenéutico como el propuesto por el recurrente".*

Quien por incuria o negligencia deja prescribir la acción cambiaria luego de haber incoado el proceso ejecutivo respectivo, incurre en un descuido grave que puede afectar no solamente dicha acción, sino, también la de enriquecimiento. *"En verdad, quien por incuria o negligencia deja prescribir la acción cambiaria luego de haber incoado el proceso ejecutivo respectivo, incurre en un descuido grave que puede afectar no solamente dicha acción, sino, también esta otra, vale decir, la de enriquecimiento. No obstante, se trata de una dejadez que ninguna relación tiene ya con el rigor cartular o con las exigencias formales de los títulos valores que obran en favor de los obligados. Aquí la prescripción deviene por una inexplicable omisión del tenedor, hipótesis en la cual no puede prevalecerse de aquél excepcional remedio.*

Justamente, por tal razón, la norma evocada en manera alguna trae la perspectiva descrita por el censor, pues de su texto no se vislumbra siquiera la posibilidad de que la acción de enriquecimiento deba adelantarse luego de la caducidad o prescripción decretadas por funcionario judicial y al no consagrarlo en términos precisos el legislador, ni surgir de la propia naturaleza de uno u otro instituto, la Corte no puede, ni considera viable, adoptar ese criterio".

La calidad de obligado cambiario no coincide necesariamente con la de deudor. El suscriptor en ningún caso puede oponer la excepción de falta de causa onerosa contra cualquier tenedor del instrumento que haya dado por éste una contraprestación,

aunque tal hecho sea conocido por el adquirente al tiempo de recibir el instrumento. *"3. Está claro que en nuestro régimen mercantil la calidad de obligado cambiario no coincide necesariamente con la de deudor mutuario, y muestra de ello es que, por ejemplo, a la luz del artículo 639 del Código de Comercio, es posible que una parte, a sabiendas, suscriba un título valor sin que exista contraprestación cambiaria a las obligaciones que adquiere; de suerte, que las partes en cuyo favor aquélla prestó su firma quedan obligadas para con el suscriptor por lo que éste pague y no podrán ejercitar contra él las acciones derivadas del título; además, que dicho suscriptor en ningún caso puede oponer la excepción de falta de causa onerosa contra cualquier tenedor del instrumento que haya dado por éste una contraprestación, aunque tal hecho sea conocido por el adquirente al tiempo de recibir el instrumento".*

El firmante de favor no necesariamente es parte en el negocio subyacente. *"Si bien en la anotada hipótesis, quien presta por favor su firma es un obligado cambiario y garantiza, por ende, frente a terceros poseedores del título valor el pago del mismo, no por eso puede decirse que necesariamente sea parte en el negocio subyacente que dio lugar al instrumento negociable (...) incluso, es palpable que si el obligado cambiario adquiere esa condición por virtud de la llamada "firma de favor", no obtiene contraprestación por las obligaciones que adquiere".*

La obligación cambiaria es independiente de la relación subyacente, razón por la cual las partes obligadas en una y otra no necesariamente son las mismas.

	"En efecto, por sabido se tiene que la obligación cambiaria deriva su eficacia de una firma puesta en un título valor y de su entrega con la intención de hacerlo negociable conforme a su ley de circulación (artículo 625 Ibídem), de tal manera que aunque puede coexistir con la relación jurídica subyacente (compraventa, permuta o préstamo de dinero, etc.), es independiente de esta última, razón por la cual es fácil advertir que las partes obligadas en una y otra no necesariamente son las mismas (...)".
20. Sentencia número 057 de 26 de junio de 2008 (M. P. César Julio VALENCIA COPETE). Sin publicar. **No Casa** la sentencia impugnada por la parte demandante. En esta sentencia se reitera la doctrina contenida en las sentencias de **18 de agosto de 1989** y **6 de diciembre de 1993** en cuanto a que la *actio in rem verso cambiario* es considerada como una modalidad peculiar de la acción **in rem verso** común; **11 de enero de 2000** en cuanto al carácter autónomo de la *actio in rem verso cambiario*; **14 de marzo de 2001** en cuanto a que no se requiere declaración judicial de prescripción de la acción cambiaria; **21 de mayo de 2002** y **7 de junio de 2002** en cuanto al carácter subsidiario de la *actio in rem verso cambiario*, emanado de la *actio in rem verso* común; y **19 de diciembre de 2007** en cuanto a que mientras la caducidad se erige como un obstáculo para ejercer la acción, la prescripción ataca no solo la potestad de accionar sino el derecho mismo, y también en	*Extremun remedium juris.* *"La llamada acción de enriquecimiento cambiario se erige, pues, como un* ***extremun remedium iuris*** *que el ordenamiento jurídico concede al tenedor legítimo de un título valor de contenido crediticio que ha sido recibido como pago de una obligación precedente y que, como efecto de la configuración de la prescripción o la caducidad de las acciones cambiarias, se ha visto privado no sólo de los recursos establecidos en las normas que gobiernan los instrumentos negociables, sino también de las acciones provenientes de la relación causal o fundamental que dio origen a la creación o transferencia del documento".* **Actuación consecuente del principio de equidad, como fundamento de un remedio extraordinario y excepcional.** *"Aunque la consagración jurídica de esta acción pareciera entrañar una contradicción, en la medida en que es el mismo tenedor del título valor quien ha desatendido las cargas o diligencias formales de las cuales depende la caducidad o ha permitido pasivamente que transcurra el perentorio lapso de*

cuanto a que no se requiere declaración judicial de prescripción de la acción cambiaria.

Reseña de la sentencia de segunda instancia, proferida el 29 de marzo de 2007 por el Tribunal Superior de Valledupar: Confirmó la sentencia de primera instancia, denegatoria de las pretensiones de la demanda.

Providencias en las cuales ha sido reiterada la sentencia de la Corte de 26 de junio de 2008: sentencia de **9 de septiembre de 2013** en cuanto a que no se requiere declaración judicial de prescripción de la acción cambiaria.

tiempo que genera la prescripción, sin que, por lo demás, haya mediado culpa o ilicitud por parte del deudor, también es verdad irrefutable que la drástica consecuencia extintiva que cualquiera de estos fenómenos produce sobre la acción causal deja al acreedor completamente desprovisto de toda herramienta cambiaria o extracambiaria que le permita hacer valer sus derechos, circunstancia que reclama la actuación consecuente del principio de equidad, como fundamento de un remedio extraordinario y excepcional, calificado por reconocidos autores como '... la muralla suprema de la justicia contra los rigores del formalismo' (Lescot P. y Roblot R., Les Effets de Commerce, I, París, 1953, pag. 179; citados por Cámara Héctor, Letra de Cambio y Vale o pagaré, III, Ediar, Buenos Aires, 1980, pag. 446), con el propósito de impedir que se consolide una situación patrimonial abiertamente desequilibrada.

Puede afirmarse que es una acción extracambiaria (subsidiaridad de la *actio in rem verso cambiario*). *"(...) puede afirmarse que es una acción extracambiaria, pues, precisamente, ella nace cuando se han extinguido tanto los recursos previstos por el derecho cambiario, como los que provienen de las relaciones causales o de base; para emplear los términos de la Sala, 'todo el mundo conoce que dicha acción se abre paso sólo en la medida en que no haya otro remedio que venga en pos del empobrecido. ... la vida de esta acción depende por entero de la ausencia de toda otra alternativa' (sentencia de 11 de enero de 2000, exp. #5208)".*

Se trata de una acción autónoma. *"(...) desde luego que se trata de una* *acción autónoma, en la medida en que brota de una norma específica, que hace relación sólo a las hipótesis en que se cancela una deuda anterior con uno o diversos títulos valores de contenido crediticio, frente a los cuales se ha configurado la prescripción o la caducidad; de esta manera, emerge manifiesto que el precepto en rigor le ofrece un tratamiento peculiar a la actio de in rem verso en aquellos casos en que se funda en uno cualquiera de tales documentos; dicho con expresiones diferentes, la citada autonomía es una característica propia únicamente de la acción de enriquecimiento sin causa cuando ella se funda en la caducidad o en la prescripción de la acción cambiaria de algún instrumento de contenido crediticio entregado como pago de una obligación preexistente. De este modo, pese a que la prerrogativa contemplada en el inciso 3° del artículo 882 del Código de Comercio, encuentra sus raíces en el enriquecimiento sin causa común, lo cierto es que la naturaleza del recurso judicial previsto en dicho precepto presenta una fisonomía propia que, en el caso de la particularizada exigencia, lo distancia ostensiblemente de la regla general con la que el ordenamiento jurídico disciplina la institución".*

La acción de enriquecimiento cambiario supone la presencia forzosa y concurrente de varios requisitos. *"(...) el ejercicio exitoso de la acción de enriquecimiento cambiario supone la presencia forzosa y concurrente de varios requisitos, los cuales, a más de participar de algunas características propias de la **actio in rem verso** común y de guardar estrecha relación con las reglas del derecho cambiario, pueden ser condensados de la siguiente forma (...)".*

No es menester que la caducidad o prescripción de las acciones cambiarias sean declaradas por medio de sentencia judicial. *"(...) en lo que atañe específicamente al tema en torno del cual gira el recurso de casación, es decir, el requisito consistente en que se haya configurado la caducidad o la prescripción de las acciones cambiarias derivadas del título valor, es de verse cómo la doctrina jurisprudencial de la Corte ha señalado de manera reiterada y uniforme que para obrar como presupuesto de la acción de enriquecimiento cambiario no es menester que tales fenómenos sean declarados por medio de sentencia judicial, sino que es suficiente que cualquiera de los mismos haya tenido plena ocurrencia, aparejando, por contera, la extinción de la acción causal".*

El cómputo del término legalmente establecido para adelantar la acción de enriquecimiento cambiario no depende de que el fenómeno de la prescripción o la caducidad haya sido objeto de reconocimiento judicial. *"(...) el cómputo del término legalmente establecido para adelantar la acción de enriquecimiento cambiario no depende de que el fenómeno de la prescripción o la caducidad haya sido objeto de reconocimiento judicial, pues el ordenamiento jurídico no ha contemplado una exigencia semejante, sino que simplemente basta que cualquiera de ellos haya adquirido plena configuración, en orden a que el interesado tenga la posibilidad de acudir a este remedio excepcional, como mecanismo tendiente a evitar que obtenga firmeza una situación*

	patrimonial desequilibrada e injusta".
21. Sentencia número 073 de 21 de julio de 2008 (M. P. Edgardo VILLAMIL PORTILLA). Sin publicar. **No Casa** la sentencia impugnada por el demandante. En esta sentencia se reitera la doctrina contenida en las sentencias de **14 de marzo de 2001** y **19 de diciembre de 2007** en cuanto a que no se requiere declaración judicial de prescripción de la acción cambiaria. **Reseña de la sentencia de segunda instancia, proferida el 22 de febrero de 2007 por el Tribunal Superior de Bogotá:** Revocó la sentencia de primera instancia (que había declarado infundada la excepción de prescripción de la acción de enriquecimiento y, al resolver sobre la pretensión, condenó a la demandada a pagar el valor correspondiente al importe de un pagaré) y desestimó las pretensiones de la demanda por no haberse acreditado el enriquecimiento y el empobrecimiento correlativo. **Providencias en las cuales ha sido reiterada la sentencia de la Corte de 21 de julio de 2008:** sentencia de **9 de septiembre de 2013** en cuanto a que el tiempo de prescripción es asunto de orden público.	**El tiempo de prescripción es asunto de orden público.** *"(...) El tiempo de prescripción es asunto de orden público, no está en manos de los particulares ampliar sus límites, menos que uno solo de los contratantes pueda extender a su antojo el punto de partida de la prescripción, y tal cosa sucedería si el comienzo del término de prescripción de la acción de enriquecimiento cambiario estuviera subordinado a la decisión esperada en un proceso ejecutivo en que se ha propuesto la prescripción de la acción cambiaria, pues todo pasaría a depender de la voluntad del tenedor del instrumento, que podría extender ad libitum los plazos promoviendo en cualquier tiempo la acción ejecutiva o manejando el ritmo de ese proceso, logrando que tarde la sentencia que declare la prescripción de la acción cambiaria, con la seguridad de que ese día comenzará el año para promover la acción de enriquecimiento, proceder que, desde luego choca con el carácter de la prescripción, dejando al deudor a merced del acreedor y maltrecha la seguridad jurídica, pues el hito inicial de la acción de enriquecimiento cambiario no solo sería móvil, sino dependería de la voluntad de una sola de las partes".*
22. Sentencia de 13 de octubre de 2009 (M. P. César Julio VALENCIA COPETE). Sin publicar. **No Casa** la sentencia impugnada por la parte	***Extremun remedium juris.*** *"1. Es claro que la acción de enriquecimiento cambiario, a la que alude el artículo 882 del Código de Comercio, constituye*

demandante.

En esta sentencia se reitera la doctrina contenida en las sentencias de **25 de octubre de 2000** en cuanto a que el título valor prescrito no es prueba suficiente del enriquecimiento y del empobrecimiento correlativo; **6 de abril de 2005** en cuanto a que existe amplia libertad probatoria para la acreditación de los presupuestos de la *actio in rem verso cambiario*; 26 de junio de 2008, reiterativa a su vez de la de 11 de enero de 2000, en cuanto al carácter autónomo de la *actio in rem verso cambiario*; y **19 de diciembre de 2007** en cuanto a no se requiere declaración judicial de prescripción de la acción cambiaria.

Reseña de la sentencia de segunda instancia, proferida el 12 de junio de 2008 por el Tribunal Superior de Bogotá: Confirmó la sentencia de primera instancia, denegatoria de las pretensiones de la demanda.

Providencias en las cuales ha sido reiterada la sentencia de la Corte de 13 de octubre de 2009: sentencias de **14 de diciembre de 2011** en cuanto a que existe amplia libertad probatoria para la acreditación de los presupuestos de la *actio in rem verso cambiario*, y **9 de septiembre de 2013** y **26 de junio de 2018** en cuanto a que no se requiere declaración judicial de prescripción de la acción cambiaria.

un extremum remedium iuris concedido por el ordenamiento jurídico, en obsequio a la equidad, al tenedor legítimo de un instrumento de contenido crediticio que ha quedado privado de los recursos y acciones diseñados por las normas relativas a los títulos valores y por aquellas que protegen los derechos originados en la relación causal germen del respectivo documento, en virtud de la prescripción o de la caducidad que lo han envilecido".

Se trata de un recurso judicial dimanante de la *actio in rem verso* común, en la que encuentra sus raíces, aunque con algunos elementos especiales que la caracterizan.

Elementos fundamentales que deben ser probados. *"(...) la procedencia de esta acción, de naturaleza autónoma, respecto de un título de contenido crediticio entregado al acreedor como pago de una obligación preexistente, requiere la prueba puntual de dos elementos fundamentales, a saber: a) que el acreedor haya dejado caducar o prescribir la acción cambiaria y que, por lo mismo, no le sea dable acudir a la proveniente del negocio causal; y b) que en virtud de esa circunstancia se produzca un empobrecimiento del demandante acompañado de un enriquecimiento correlativo del demandado (SC-057 de 26 de junio de 2008)".*

La contabilización del término de prescripción debe hacerse desde el momento mismo en que ocurra la decadencia de la cambiaria, sin que para el efecto resulte necesaria decisión judicial que la declare, en la medida en que

basta el pleno acaecimiento del fenómeno.

Ni el adelantamiento del proceso ejecutivo ni la eventual demora en su decisión final, en cualquier sentido, pueden retardarla o erigirse en otro punto de partida para iniciar el conteo del plazo destinado a la promoción de la *actio in rem verso*. *"3.- Esclarecido, como quedó expuesto, según reiterada jurisprudencia, que no es indispensable fallo alguno que declare la prescripción de la acción cambiaria en orden a empezar a computar el año respectivo, pues este periodo debe contarse a partir del vencimiento previsto por la normatividad respectiva para que sobrevenga la prescripción o irrumpa la caducidad, sin más exigencias, resulta entonces palmario que ni el adelantamiento del proceso ejecutivo ni la eventual demora en su decisión final, en cualquier sentido, pueden retardarla o erigirse en otro punto de partida para iniciar el conteo del plazo destinado a la promoción de la actio in rem verso".*

El legislador tiene amplia competencia para fijar a su arbitrio el grado de amplitud o de estrechez de los plazos prescriptivos. *"(...) el legislador tiene amplia competencia para fijar a su arbitrio el grado de amplitud o de estrechez de los plazos, de suerte que no resulta atendible el esfuerzo que realice el intérprete para demostrar la largueza o la cortedad de uno legalmente establecido, desde luego que, como se dejó claro, mientras no se acredite la irracionalidad del término fijado, no será posible derruir o incumplir el periodo señalado".*

"5.- Así, si los términos prescriptivos tienen la duración que la ley ha

indicado de manera expresa y categórica, si, además, cumplen un fin público y social inocultable y, si, fuera de ello, extinguen los derechos y acciones debido a la presunción de abandono que brota ante la inercia del titular, unida al transcurso del respectivo tiempo, es consecuencia natural que no pueden ser modificados en un determinado asunto a capricho del interesado, a su acomodo o como mejor le convenga a sus intereses particulares, ni puede éste definir el momento desde el que comienza su cómputo ni aquel en que ha de concluir".

Perentoriedad de los términos. *"Los ideales de certeza, estabilidad y seguridad en las relaciones jurídicas, entonces, deben ser apoyados por la perentoriedad de los términos, pues únicamente de esa manera pueden tener cabal cumplimiento, razón por la cual no es posible entregar al acreedor demandante la opción de decidir ad líbitum el día en que podría dar inicio al respectivo proceso y, por esa senda, aquel en que se comenzaría a contar el lapso extintivo de la acción de enriquecimiento cambiario. No atender estrictamente esos plazos sería permitir que las partes pudieran extender mediante antojadizas interpretaciones el tiempo regulado por las normas".*

Al instrumento impagado imposible le resulta revelar la existencia cierta del negocio subyacente, la dimensión del deterioro patrimonial del actor y la del aprovechamiento del convocado. *"En efecto, en lo que toca con la demostración de las exigencias indispensables para el exitoso ejercicio de la acción de enriquecimiento cambiario, ha dicho de tiempo atrás la doctrina de esta*

Corporación, que '...existe amplia libertad probatoria...' (SC-054 de 6 de abril de 2005, exp. 1997-1955-01), y que por ello es que puede el actor acudir a cualquier medio para traer al juzgador la convicción acerca de los hechos que le sirvan de soporte a sus súplicas; también ha recordado que '...tal carga no se satisface con la mera exhibición del instrumento impagado (G. J. t. CCXXV, pág. 763, y sentencia de 25 de octubre de 2000, exp. 5744, no publicada aún oficialmente)', en la medida que éste puede acreditar lo concerniente a '...los aspectos cambiarios específicos que emanan del documento...', pero no sobre el detrimento materia de demanda, vale decir, él tiene virtualidad para certificar la pretérita vigencia de la obligación incorporada en el título que por el camino de la prescripción se extinguió, aunque imposible le resulta revelar la existencia cierta del negocio subyacente, la dimensión del deterioro patrimonial del actor y la del aprovechamiento del convocado".

El aludido instrumento es necesario pero no suficiente para documentar los elementos propios de la *actio in rem verso*.

La acreditación de sus elementos basilares corre a cargo del demandante. *"En suma, puesto que la actio in rem verso originada a propósito de la prescripción o caducidad del instrumento no es una prolongación de las acciones con que ab-initio el tenedor contaba, sino que, por el contrario, es típicamente extracambiaria, la acreditación de sus elementos basilares corre a cargo del demandante, a quien no le bastará, para esos efectos, allegar el título de ese modo extinguido, que servirá para mostrar su legitimación; además, dentro de un marco de absoluta libertad probatoria, habrá de traer los medios de convicción que persuadan acerca de*

	la existencia de la relación causal, del desplazamiento patrimonial, de su cuantía y de la forma como se produjo". *(...)* *"Ahora, puesto que no sería de recibo el registro contable interno de la entidad de haber realizado un desembolso de $59.383.301.00 (fls. 2 a 14), entre otras razones porque representa una prueba elaborada por la misma parte que intenta valerse de ella, aparecerían serias dudas en torno a la existencia del negocio fundamental y, en especial, respecto de las consecuencias patrimoniales que supuestamente de él derivaron".*
Aclaración de voto (M. P. Edgardo VILLAMIL PORTILLA):	**El título valor es suficiente para probar el desplazamiento patrimonial exigido como requisito en la acción prevista en el artículo 882 del Código de Comercio.** *"(...) Creo de modo general que el demandante demuestra el empobrecimiento económico con sólo aportar el título valor en que constan las obligaciones cambiarias, pues la presencia de ellos es bastante para dar por probado que el advenimiento de la prescripción condujo al detrimento patrimonial del acreedor".* *"Los títulos valores son cosas que portan valor, y cuando están perjudicados por la prescripción se envilecen en cuanto ya no representan valor por sí solos, pero subsisten como documentos demostrativos de una relación obligacional marchita. No se trata, como a primera vista pudiera pensarse, que al mantener el mérito probatorio de los títulos valores, se haga subsistir la acción cambiaria,*

nada más lejano a la realidad, de lo que se trata es que los títulos valores descritos no desaparecen como instrumentos de prueba, conservando por tanto la capacidad para permitir el flujo de información, así como el poder de formar la convicción acerca del empobrecimiento y el enriquecimiento correlativos entre demandante y demandado".

"Por otro lado, es infundado el temor de que admitir el título en su fuerza documentaria, como prueba del enriquecimiento, sea una reviviscencia de la acción cambiaria; por el contrario, es más bien el cabal entendimiento del principio de libertad probatoria, pues la prescripción no resta capacidad probatoria al título valor como documento que conserva naturalmente su función de servir de prueba para acreditar el monto del enriquecimiento del deudor y del empobrecimiento correlativo del acreedor, quien sin duda alguna deja de percibir un crédito al que tenía derecho, en claro demérito de su patrimonio".

"(...) Nada se presume si la prueba está en los documentos que enantes tenían fuerza ejecutiva y la perdieron pero subsisten como medio de prueba. Si se adscribe al documento la fuerza probatoria que debe tener, ya que el derecho de las pruebas no trae una tarifa negativa para excluirlo como instrumento de demostración, no hay lugar a presumir nada, sino a tener por verificados los hechos que configuran el enriquecimiento".

Ha de presumirse la contraprestación cambiaria. No puede suponerse la causa gratuita en los títulos valores. *"Si el beneficio es la regla general en el*

85

	mundo mercantil, ha de presumirse la contraprestación cambiaria, su equivalencia y su magnitud; en síntesis, no puede suponerse la causa gratuita en los títulos valores. Tampoco sirve como ejemplo de gratuidad la llamada 'firma de acomodamiento', que a veces se trae a colación en asuntos semejantes, pues se trata de una hipótesis bastante extraña a lo ordinario en el tráfico comercial, menos en el ambiente de los bancos".
Aclaración de voto (M. P. Jaime Alberto ARRUBLA PAUCAR):	**El título valor no descargado, prescrito o caducado, puede ser el mejor medio y hasta suficiente en un momento dado para probar que una persona dejó de recibir el dinero de su importe favoreciendo de esta manera a quien no tuvo que cancelarlo.** *"En anteriores ocasiones hemos advertido que no se puede negar que el título valor no descargado, prescrito o caducado, no sea idóneo para acreditar este elemento, iría contra el principio de libertad probatoria que inspira nuestro ordenamiento. Por el contrario ese documento, ya sin fuerza cambiaria, puede incluso ser el mejor medio y hasta suficiente en un momento dado para probar que una persona dejó de recibir el dinero de su importe favoreciendo de esta manera a quien no tuvo que cancelarlo".* "De todos modos en el escenario del debate puede el demandado defenderse probando lo contrario. Pero de allí, el afirmar que, el documento allegado al proceso con las respectivas constancias de no haber sido cubierto, no sea suficiente de entrada, para acreditar el perjuicio y que son necesarios otros medios diferentes de prueba, es precisamente lo que nos lleva a esta aclaración. Habrá casos en que no,*

	pero no se puede descartar de entrada su relevancia para indicar el empobrecimiento y el recíproco enriquecimiento. Compartimos el desarrollo de la sentencia sobre la libertad probatoria y la no contemplación legal de una tarifa probatoria".
Salvamento de voto (M. P. Arturo SOLARTE RODRÍGUEZ):	**El criterio consistente en que el plazo de un año para que se consolide la prescripción establecida en el artículo 882 del Código de Comercio se debe contar, indefectiblemente y en todos los casos, a partir de la fecha de vencimiento del plazo prescriptivo de la obligación incorporada en el título valor, puede conducir, en ocasiones, a decisiones que son contradictorias con los principios de la prescripción extintiva.** *(...) el criterio acogido por la Corte al respecto, consistente en que el plazo de un año para que se consolide el mencionado fenómeno extintivo se debe contar, indefectiblemente y en todos los casos, a partir de la fecha de vencimiento del plazo prescriptivo de la obligación incorporada en el título valor, puede conducir, en ocasiones, a decisiones que son contradictorias con los principios de la prescripción extintiva, con las que, además, se propicia que los acreedores se vean compelidos a iniciar la acción de enriquecimiento cambiario cuando aún no se haya decidido el proceso ejecutivo adelantado para cobrar el respectivo título valor, y a sostener en tales procesos judiciales, tramitados simultáneamente, posiciones jurídicas contradictorias".* *"(...) En el caso que es materia del*

presente proceso, en síntesis, el banco acreedor inició la acción de cobro del pagaré antes del vencimiento del plazo de tres (3) años establecido para la prescripción de la acción cambiaria, y sostuvo en las instancias que se había presentado una interrupción natural de la prescripción por cuanto uno de los deudores ofreció atender la obligación mediante una dación en pago y solicitó una reducción en los intereses de mora. De acuerdo con la tesis de la Sala sobre la prescripción de la acción de enriquecimiento cambiario, mientras, por una parte, el establecimiento de crédito acreedor demandaba ejecutivamente el cobro de la obligación cartular y defendía la no ocurrencia de la prescripción de la acción cambiaria –sobre la base de su interrupción natural- con el propósito de sacar avante el cobro de las sumas adeudadas, por la otra, ya se había iniciado el conteo de la prescripción de la acción ordinaria de enriquecimiento cambiario, bajo la premisa de que el acreedor, en los términos de la ley mercantil, había dejado prescribir el título. Tal circunstancia contradice el principio según el cual, en materia de prescripción, el mencionado fenómeno extintivo debe tener fundamento en la inactividad y la desidia del titular en ejercer el derecho que tiene a su disposición, pues, ciertamente, se da comienzo al conteo del término de prescripción de la acción de enriquecimiento, sin que, en casos como el que se analiza, se pueda evidenciar incuria o descuido en el comportamiento del acreedor para emprender la acción consagrada en el inciso 3° del artículo 882 del Código de Comercio".

"Como ya se indicó, la doctrina de la Sala conduce a que sea perfectamente factible, y desafortunadamente

frecuente, que en el trámite coactivo en el que el acreedor esté ejerciendo la acción cambiaria, argumente con firme convicción que la prescripción extintiva no se ha consumado v.gr. porque se presentó una interrupción natural, pero, para no dejar prescribir la acción de enriquecimiento cambiario, tenga que iniciar su tramitación dentro del término de un año contado a partir del vencimiento objetivo del plazo de prescripción del título valor, y en dicho proceso de conocimiento deba alegar que lo adelanta en razón y con fundamento en que la obligación cambiaria incorporada en el respectivo instrumento se extinguió por prescripción (....)".

23. Sentencia de 18 de diciembre de 2009 (M. P. Arturo SOLARTE RODRÍGUEZ). Sin publicar. No Casa la sentencia impugnada por la parte demandante. En esta sentencia se reitera la doctrina contenida en las sentencias de **18 de agosto y 5 de octubre de 1989** en cuanto a que se trata de una acción de enriquecimiento especial para los casos en que se paga una obligación causal preexistente con uno o varios títulos de contenido crediticio respecto de los cuales se produce la caducidad o prescripción. Lo anterior mediante cita que se hace de la sentencia de 14 de marzo de 2001, en la cual se citan a su vez las sentencias de 18 de agosto y 5 de octubre de 1989 antes referidas. En igual forma se reitera la doctrina consignada en la sentencia de **6 de**	**Notas características y diferenciadoras de la *acción de enriquecimiento cambiario.*** *"3. Son, por lo tanto, notas características y, al tiempo, diferenciadoras de esta última figura* [la Corte se refiere aquí a la acción de enriquecimiento cambiario], *por una parte, que ella sólo tiene cabida frente a los títulos valores cuyas acciones -causales y cambiarias- hubieren decaído por prescripción o caducidad; por otra, que no sigue la regla general según la cual la* actio in rem verso *no está al alcance de quien ha dejado precluir las alternativas jurídico-procesales de que disponía para conjurar el desequilibrio patrimonial que lo afecta, toda vez que, por el contrario, en tratándose de los referidos instrumentos, los aludidos fenómenos extintivos bien pueden haberse derivado de la falta de diligencia del respectivo acreedor; y, finalmente, el breve término para su ejercicio (un año)".* **La acción de enriquecimiento cambiario tiene un régimen**

abril de 2005 en cuanto a que no siempre que se suscribe un título valor media un negocio jurídico oneroso, toda vez que podrían celebrarse otros donde impere la gratuidad.

Reseña de la sentencia de segunda instancia, proferida el 29 de febrero de 2008 por el Tribunal Superior de Cundinamarca: Revocó la sentencia (consultada) de primera instancia (que había accedido a las súplicas de la demanda en la cual se solicitó que se declarara que los demandados se enriquecieron sin causa en perjuicio del banco demandante – BBVA COLOMBIA-, como consecuencia de la declaratoria de prescripción de tres pagarés), y negó las pretensiones de la demanda.

Providencias en las cuales ha sido reiterada la sentencia de la Corte de 18 de diciembre de 2009: sentencia de tutela de **10 de julio de 2015** en cuanto a las notas características y diferenciadoras de la *acción de enriquecimiento cambiario.*

propio y especial que difiere del general consagrado para todo tipo de enriquecimiento incausado. *"4. En consecuencia, pues, conforme el sistema legal desarrollado en el Código de Comercio, resulta obligatorio distinguir la* actio in rem verso común *de aquella que opera para conjurar el enriquecimiento cambiario, en tanto que ésta, como acaba de verse, tiene un régimen propio y especial, resultado de sus particulares características, el cual difiere en forma importante del general consagrado para todo tipo de enriquecimiento incausado".*

Demostración de hechos positivos concretos. El incremento económico del demandado y la correlativa merma del accionante constituyen el fundamento de hecho cardinal de la acción. *"3. Siendo ello así, como en efecto lo es, no hay lugar a admitir el quebranto de los artículos 177 del Código de Procedimiento Civil y 1757 del Código Civil, habida cuenta que, como viene de decirse, el Tribunal no requirió del actor la comprobación de una negación indefinida sino que, por el contrario, reclamó la demostración de hechos positivos concretos, esto es, se reitera, el incremento económico de los demandados y la correlativa merma del accionante, supuestos estos que, de un lado, constituyen el fundamento de hecho cardinal de la acción y, de otro, se erigen en la razón de ser para que el enriquecimiento sin causa se configure como fuente de obligaciones, particularmente de la que surge a cargo de la persona cuya riqueza se ha incrementado y a favor de aquella en cuyo patrimonio se ha producido merma, consistente en restablecer el*

	equilibrio perdido".
	Tales enriquecimiento y empobrecimiento no necesariamente coinciden, en el terreno cuantitativo, con el valor de los créditos incorporados en los títulos valores cuya exigibilidad ha decaído por virtud de la caducidad o de la prescripción. Tal suma puede ser superior o inferior al crédito cartular. *"(...) no necesariamente coinciden, en el terreno cuantitativo, tales enriquecimiento y empobrecimiento, con el valor de los créditos incorporados en los títulos valores cuya exigibilidad ha decaído por virtud de la caducidad o de la prescripción, pues tal suma puede ser superior o inferior al crédito cartular o, incluso, a pesar de la existencia de uno de los mencionados instrumentos mercantiles, es posible que no se presente, en realidad, el enriquecimiento o el empobrecimiento comentados, toda vez que, como lo ha precisado la Corte, 'no es dable desconocer que no siempre que se suscribe un título valor media un negocio jurídico oneroso, toda vez que podrían celebrarse otros donde impere la gratuidad, como ocurriría, verbi gratia, con la figura del favor cambialis prevista por el artículo 639 del Código de Comercio' (Cas. Civ., sentencia N° 054 de 6 de abril de 2005, expediente No. 1955-01)".*
24. Sentencia de 14 de diciembre de 2011 (M. P. Ruth Marina DÍAZ RUEDA). Sin publicar. **No Casa** la sentencia impugnada por la parte demandante. En esta sentencia se reitera la doctrina contenida en las sentencias de **6 de diciembre de 1993** en	**Beneficiario de favor.** *"15. Al examinar los ataques se aprecia que a pesar de identificar los elementos de juicio que según el impugnante prueban el requisito echado de menos por el sentenciador, esto es, el "enriquecimiento correlativo en cabeza del accionado", omite demostrar a partir de su contenido material y en el*

cuanto a que la *actio in rem verso cambiario* es un *extremun remedium juris* concedido a quien fuere tenedor de un título valor de contenido crediticio descargado por caducidad o prescripción de la acción cambiaria; lo inherente a que el **legitimado por activa** lo es principio quien fuera tenedor del título prescrito o caducado, y **los legitimados por pasiva** son el librador, el aceptante, el otorgante y los endosantes en tanto reporten ventaja del desequilibrio patrimonial que se trata de nivelar; y también en lo referente las condiciones para una decisión judicial estimatoria; **25 de octubre de 2000, 6 de abril de 2005** y **26 de junio de 2007** en cuanto a que la carga de acreditación de los presupuestos de la *actio in rem verso cambiario* no se satisface con la mera exhibición del instrumento impagado; **13 de octubre de 2009** en cuanto a que existe amplia libertad probatoria para la acreditación de los presupuestos de la *actio in rem verso cambiario*; y **18 de diciembre de 2009** en cuanto a que no siempre que se suscribe un título valor media un negocio jurídico oneroso, toda vez que podrían celebrarse otros donde impere la gratuidad.

Reseña de la sentencia de segunda instancia, proferida el 29 de abril de 2011 por el Tribunal Superior de Bogotá: Confirmó la sentencia de primera instancia, denegatoria de las pretensiones de la demanda.

escenario del tema a probar, en qué consiste o cómo se manifiesta aquella condición, cuál la cuantía o monto del incremento patrimonial, máxime cuando el ad quem dedujo que el demandado Marco Antonio Cuellar Gasca, no había sido el beneficiario del préstamo, sino su hermano Darío.

(...) aunque agrega que otras probanzas establecen que la actora "efectivamente desembolsó los dineros al demandado Marco Antonio Cuellar Gasca y que estos fueron producto de un crédito hipotecario a favor del mismo", no reseña tales elementos de juicio (...).

Necesidad de respetar la valoración de las pruebas que hacen los jueces de instancia. *"(...) es posible la concurrencia de diferentes conclusiones fácticas, como que, al fin y al cabo, las vivencias, la perspicacia, la experiencia y las diferentes herramientas del proceso cognoscitivo, no son iguales en todos los individuos y, de contera, tampoco han de serlo en los juzgadores. De ahí la necesidad de respetar la valoración de las pruebas que hacen los jueces de instancia, porque sería insostenible que sólo el juez de la casación tuviera el monopolio de la razón a la hora de elucidar el recto entendimiento de las pruebas allegadas".*

Aclaración de voto (M. P. Jaime

Diferencias entre la acción de

Alberto Arrubla Paucar):

enriquecimiento que consagra el artículo 882 del C. Co. y la acción de enriquecimiento sin causa que consagra el artículo 831 del mismo código. *"La llamada acción de enriquecimiento que consagra el artículo 882 del Código de Comercio es diferente de la acción general de enriquecimiento sin causa que consagra el artículo 831 del mismo Código.*

El enriquecimiento sin causa, como principio general del derecho, actuando en su rol creativo, introdujo la acción consagrada en el artículo 831, donde se establece la posibilidad de restablecer el equilibrio entre dos patrimonios, eliminando el indebido enriquecimiento y posibilitando el ejercicio de una acción indemnizatoria. Los requisitos para la procedencia de esta acción vienen siendo puntualizados por esta Corporación desde jurisprudencia del 10 de noviembre de 1930 y se pueden resumir de la siguiente manera: a) El enriquecimiento efectivo de una persona que se observa en principio en que su patrimonio reciba un incremento; b) Que se presente un empobrecimiento correlativo en el patrimonio de otra persona; c) Que entre enriquecimiento y empobrecimiento exista una relación de correspondencia; d) Que el desequilibrio entre los dos patrimonios se produzca sin causa jurídica.

La acción que consagra el artículo 882 del Código de Comercio colombiano es de naturaleza extra cambiada para quien haya dejado caducar o prescribir el título valor, puede instaurarse dentro del año siguiente a la ocurrencia de la caducidad o prescripción y también se denomina de enriquecimiento.

Como lo anotamos, ambas acciones difieren sustancialmente. Basta decir que la acción ordinaria de enriquecimiento nunca podría partir de una caducidad o de una prescripción, pues ello sería precisamente la causa del enriquecimiento y no sería injusto.

Solamente, por vía de excepción, como lo hace el artículo 882 que venimos comentando puede encontrarse una gabela semejante, que a pesar de la caducidad o de la prescripción, es decir, ante una situación jurídica estabilizada por el paso del tiempo, se permita un año más para evitar un enriquecimiento".

El título valor, ya sin fuerza cambiaria, puede ser el mejor medio y hasta suficiente en un momento dado para probar que una persona dejó de recibir el dinero de su importe favoreciendo de esta manera a quien no tuvo que cancelarlo. *"Indiscutible, que también en esta acción especial de enriquecimiento, sea necesario acreditar, como elemento para la prosperidad de la acción el perjuicio, es decir, el empobrecimiento para uno y el correlativo enriquecimiento para el otro. Es en el punto de la prueba sobre estos aspectos y el mérito que pueda tener el título prescrito o caducado para dichos efectos, donde se han concentrado nuestras diferencias.*

En anteriores ocasiones hemos advertido que no se puede negar que el título valor no descargado, prescrito o caducado, no sea idóneo para acreditar este elemento, iría contra el principio de libertad probatoria que inspira nuestro ordenamiento. Por el contrario ese documento, ya sin fuerza cambiaria, puede incluso ser el mejor medio y hasta suficiente en un momento dado para probar que una persona dejó de

	recibir el dinero de su importe favoreciendo de esta manera a quien no tuvo que cancelarlo.
	De todos modos en el escenario del debate puede el demandado defenderse probando lo contrario. Pero de allí, el afirmar que, el documento allegado al proceso con las respectivas constancias de no haber sido cubierto, no sea suficiente de entrada, para acreditar el perjuicio y que son necesarios otros medios diferentes de prueba, es precisamente lo que nos lleva a esta aclaración. Habrá casos en que no, pero no se puede descartar de entrada su relevancia para indicar el empobrecimiento y el recíproco enriquecimiento.
25. Sentencia de 9 de septiembre de 2013 (M. P. Jesús Vall DE RUTÉN RUIZ). Publicada en *Jurisprudencia y Doctrina*, t. XLIII, N° 505, Legis, enero de 2014, pp. 1 a 14. **No Casa** la sentencia impugnada por la parte demandante.

En esta sentencia se reitera la doctrina contenida en las sentencias de **11 de enero de 2000** en cuanto a que jamás la prescripción es fenómeno objetivo; **14 de marzo de 2001, 26 de junio de 2008** y **13 de octubre de 2009** en cuanto a que no se requiere declaración judicial de prescripción de la acción cambiaria; y **21 de julio de 2008** en cuanto a que el tiempo de prescripción es asunto de orden público.

Reseña de la sentencia de segunda instancia, proferida el 12 de junio de 2009 por el Tribunal Superior de Bogotá: Confirmó la | **Los términos extintivos de la acción cambiaria se consuman con o sin decisión judicial.** *"(...) la Sala ha reiterado que el término extintivo de la acción de que se trata, no requiere que el hecho que la origina -la prescripción o caducidad de un título valor-, sea reconocido por la justicia. Así se observa, entre otras, en las sentencias de 26 de julio* [léase junio] *de 2008, exp. 2004-00112-01, y de 13 de octubre de 2009, exp. 2004-00605-01.*

2.- Doctrina que en esta oportunidad debe mantenerse, no solo por la evidente inconveniencia de atribuir al titular del derecho un control predominante sobre los términos extintivos previstos para la acción de enriquecimiento derivada de la prescripción o caducidad de los títulos valores, -lo cual apuntaría en sentido contrario al de la política pública de permitir la rehabilitación de la situación crediticia de los deudores que han incumplido sus obligaciones, como presupuesto de la conservación del |

sentencia de primera instancia, denegatoria de las pretensiones de la demanda.

Providencias en las cuales ha sido reiterada la sentencia de la Corte de 9 de septiembre de 2013: sentencia **26 de junio de 2018** en cuanto a que no es necesaria la declaración judicial de la caducidad o prescripción.

crédito y más recientemente del mercado financiero-[4], sino además por cuanto, según las circunstancias, los mismos términos, respecto de la acción cambiaria, se consuman con o sin decisión judicial; por lo que, incluso en la hipótesis de una providencia declarativa de la prescripción de un instrumento negociable, su ejecutoria no puede considerarse el detonante de la acción de enriquecimiento cambiario".

El principio de legalidad implica que los plazos prescriptivos no sean susceptibles de alteración por las partes. *"2.1.- Lo primero que debe precisarse es que si bien la prescripción, en general, se dirige a proteger un interés de carácter privado, pues únicamente es dable declararla cuando se alega, de ahí que sea potestativo invocarla[5], lo que no puede estar en juego son los plazos prescriptivos, porque al tener la institución consecuencias sancionatorias, el principio de legalidad conlleva a que los mismos no sean susceptibles de alteración por los interesados".*

La prescripción no es asunto netamente objetivo. *"2.2.- Para que el fenómeno extintivo sea de recibo,*

---

[4] Propósito que ha inspirado diversas disposiciones de nuestro ordenamiento, tales como las siguientes:

Normas de derecho concursal: Decreto 750 de 1940; Decreto 2264 de 1969; Código de Comercio de 1971; Decreto 350 de 1989; Ley 222 de 1995; Ley 550 de 1999; y Ley 1116 de 2006.

Código General del Proceso, regulación de la "*Insolvencia de la Persona Natural No Comerciante*" artículos 524 y ss.; y Decreto 2677 de diciembre 12 de 2012.

Normas de regularización relativas a centros de información financiera (centrales de riesgo): Ley 1266 de 2008.

[5] Vid. S de 14 de mayo de 2008, exp. 01475.

se exige que dentro del término al efecto señalado en la ley, la conducta del acreedor hubiere sido totalmente pasiva y además que no hubieren concurrido circunstancias legales que lo alteraran, como las figuras de la interrupción o la suspensión. Esto mismo, desde luego, descarta la idea de que la prescripción pueda considerarse un asunto netamente objetivo, de simple cómputo del término, y que, por lo tanto, corra en forma fatal, sin solución de continuidad".

Momento a partir del cual se cuenta el término de prescripción. *"2.3.- De manera que si al alcance de las partes no está el manejo del término prescriptivo, debe seguirse, en cuanto a su comienzo, que si ha transcurrido ininterrumpidamente, se cuenta 'desde que la obligación se haya hecho exigible', cual lo establece el artículo 2535 del Código Civil. Y si sobrevino alguna circunstancia subjetiva, verbi gratia, su interrupción natural, o si es el caso su renuncia, se computa a partir de la fecha del hecho, toda vez que el tiempo anterior queda borrado (artículos 2539 y 2536, ibídem, con la modificación introducida por la Ley 791 de 2002)".*

Interrupción civil y renuncia de la prescripción (efectos). *"Es entendido que la posibilidad de iniciar nuevamente y de inmediato el cómputo del término extintivo, prevista en el inciso final del artículo 2536 de Código Civil respecto de la interrupción o la renuncia de la prescripción, no aplica cuando se trata de interrupción civil, o cuando la prescripción se entiende renunciada por la omisión del deudor en interponer oportunamente la excepción respectiva. Los efectos de la interrupción civil, que además descarta la inactividad del acreedor, o de la no* *interposición oportuna de la mencionada defensa judicial, son definitivos dentro del proceso en el cual ocurren, hasta su terminación mediante sentencia, pago o cualquiera de las formas anormales o alternativas de finalización permitidas por la ley, atendida la naturaleza de cada proceso y las consecuencias propias de dichas formas especiales en punto a la eficacia o ineficacia de la interrupción (artículo 91 del Código de Procedimiento Civil; sentencias C-662 de 2004 y C-227 de 2009)".*

La prescripción de la acción cambiaria se entiende cumplida en la época en que se consumó.
"2.4.- El problema a resolver es en qué momento se consuma la prescripción de la acción cambiaria de un título valor, de una parte, en la hipótesis de haber sido invocada y reconocida judicialmente; y de otra, en el caso de que ello no haya sucedido.

2.4.1.- En el primer evento, ninguna dificultad existe, dado que una decisión de esa naturaleza no es atributiva del fenómeno, sino que simplemente, con efectos ex tunc, lo constata y declara para la época en que se completó.

En esa óptica, claramente se comprende que los efectos de la prescripción extintiva no se pueden producir a partir de la ejecutoria de la respectiva providencia, puesto que como se dijo en la sentencia de 21 de julio de 2008, exp. 00684, supra citada, nada añade a ello que la decisión en el proceso ejecutivo, sea posterior, pues el "fallo reconoce y declara, no constituye el fenómeno consuntivo del derecho".

2.4.2.- Las mismas consecuencias deben predicarse para cuando, consumada la prescripción, no ha sido declarada por la justicia, porque si bien los artículos 2513 del Código Civil y 306 del Código de Procedimiento Civil, prohíben reconocerla de manera oficiosa, resulta contrario a la lógica formal sostener que mientras no sea alegada por el deudor cambiario, el derecho del acreedor cartular subsiste, dado que no puede existir lo que ha fenecido y es declarable retroactivamente.

También en el sentido de reconocer entidad sustancial al fenómeno extintivo que nos ocupa, aún antes de su reconocimiento judicial, apunta el artículo 2514 del Código Civil, cuando prevé que la prescripción puede ser renunciada, 'pero solo después de cumplida', norma estructurada sobre la base de considerar que solo se puede renunciar a lo que existe.[6]

2.4.3.- En el contexto de lo antes indicado, transcurrido el término extintivo previsto por la ley, sin que concurran situaciones de suspensión o interrupción, la situación jurídica natural que de ello deriva es la prescripción. Lo que ha de considerarse anómalo o irregular en el decurso de los acontecimientos es que a consecuencia de un acto consciente de desprendimiento, o de la mera incuria, el deudor demandado no la proponga, evento en el cual la prescripción, ya configurada, no puede ser reconocida por el fallador.

2.4.4.- Por lo expuesto, para el ejercicio de la acción de enriquecimiento injusto cambiario, no es indispensable que la prescripción haya sido declarada judicialmente,

---

[6] El Diccionario de la Real Academia Española define "*renunciar*" como "*Hacer dejación o privarse voluntariamente de algo*".

pues ello tiene lugar, simplemente, como lo prevé el artículo 882, in fine, del Código de Comercio, si el *'acreedor deja prescribir el instrumento'*, y no cuando se ha agotado la posibilidad de su renuncia por el deudor, primero, por ser un fenómeno distinto, y segundo, porque su materialización es ajena a la voluntad del acreedor.

De ahí que, con ese propósito, es suficiente que la obligación se haya extinguido, en coherencia con la doctrina, *'por el transcurso del tiempo o el incumplimiento de las cargas legales de acuerdo a la lógica y al buen sentido. Nada justifica mandar promover una acción para que se oponga la excepción de prescripción o caducidad, con dispendio de tiempo y gastos[7].*

2.5.- Frente a lo que ha sido indicado, surge claro que, para el ejercicio de la acción de enriquecimiento sin causa cambiario, resulta indiferente que la prescripción de un título valor haya sido o no reconocida judicialmente, porque en cualquiera de las dos hipótesis, se entiende cumplida en la época en que se consumó.

Momento en que se consuma el aumento patrimonial del deudor y el detrimento patrimonial del acreedor. *"A partir del momento en el cual confluyen los elementos objetivo y subjetivo de la prescripción, el mejoramiento de la situación patrimonial del deudor, derivado del hecho de haberse liberado de una deuda, deja de ser para él contingente, toda vez que su concreción procesal es algo que depende de su propia determinación.*

Cumplida la prescripción el deudor ha

---

[7] CÁMARA, Héctor. Letra de Cambio y Vale o Pagaré. Tomo III-451.

ganado definitivamente el <derecho a oponerse> al cumplimiento de la obligación, y así, es claro que su situación patrimonial ya no es la misma.

Para el acreedor igualmente se consuma un detrimento incuestionable, toda vez que su derecho se afecta, al cesar la restricción a la libertad del obligado, y en lo sucesivo la obtención de la prestación respectiva queda por completo en manos del deudor, quien a voluntad decide si la satisface o se opone".

**Prejudicialidad determinada por el proceso ejecutivo sobre el de *actio in rem verso cambiario*. "*6.- Igualmente podrían cuestionar quienes abogan por que el cómputo del término extintivo de la acción de enriquecimiento solo se inicie a partir de la declaratoria de la prescripción de la acción cambiaria, que la postura defendida por la Corte, eventualmente podría obligar al acreedor a promover el proceso ordinario antes de que concluya el ejecutivo en el cual la excepción de prescripción hubiere sido planteada, lo cual lo colocaría en situación de defender, simultáneamente, planteamientos contradictorios.*

Dicha objeción queda salvada si el segundo proceso se interpone con la advertencia de que está sometido a prejudicialidad respecto del primero (artículos 171 a 173 del Código de Procedimiento Civil), caso en el cual la alegada contradicción material desaparece, tal como ocurre con las pretensiones recíprocamente excluyentes que se plantean como principales y subsidiarias (artículo 82 ordinal 2° ídem).

La contingencia de una eventual

	condena en costas en alguno de los dos procesos sería una consecuencia natural del retardo en proponerlos, que el acreedor estaría obligado a soportar".
Salvamento de voto (M. P. Arturo SOLARTE RODRÍGUEZ):	**La ocurrencia de la prescripción opera en beneficio exclusivo del poseedor, en tratándose de la prescripción adquisitiva, o del deudor, en cuanto atañe a la extintiva.** *"Desde otro ángulo e independientemente de que se admita o no ese doble carácter de la prescripción, pertinente es precisar que su ocurrencia opera en beneficio exclusivo del poseedor, en tratándose de la adquisitiva, o del deudor, en cuanto atañe a la extintiva, pues como resultado de su efectiva materialización aquel se torna dueño de la cosa que detenta y éste se libera de la obligación que pesa en su contra".*
	Factor determinante para la configuración de la prescripción adquisitiva, es la posesión de la cosa -conducta positiva- y, para la extintiva, el no haberse ejercido el correspondiente derecho o acción -conducta negativa o abstención-. *"(...) factor determinante para la configuración de una y otra clase de prescripción es, para la adquisitiva, la posesión de la cosa -conducta positiva- y, para la extintiva, el no haberse ejercido el correspondiente derecho o acción -conducta negativa o abstención-, aconteceres que deben ocurrir, claro está, en un marco temporal determinado por la misma ley. 2. Con otras palabras: sin posesión, nunca se consolidará la prescripción adquisitiva; y sin la inactividad del titular del derecho o de la acción, se*

torna un imposible absoluto que opere la prescripción extintiva".

Para que se produzcan los efectos propios de la prescripción extintiva, es necesario, como mínimo, que el deudor, o los demás interesados indicados en el artículo 2º de la Ley 791 de 2002, hayan optado por 'aprovecharse' de ella y la hayan alegado, ya como acción o como excepción, en este último caso oportunamente, porque de lo contrario el derecho de crédito se conservará intacto. *"(...) Es patente, por lo tanto, que así estén cumplidas las exigencias que, en principio, estructuran la prescripción extintiva, esto es, la falta de ejercicio de un derecho o acción durante el término que al efecto fije la ley (art. 2312, C.C.), ello no es suficiente para que se produzcan los efectos que son propios de tal fenómeno jurídico, pues para que tal circunstancia se presente es necesario, como mínimo, que el deudor, o los demás interesados indicados en el artículo 2º de la Ley 791 de 2002, hayan optado por "aprovecharse" de ella y, adicionalmente, hecho manifiesta su elección, mediante su alegación, ya sea como acción o como excepción (art. 2513, C.C.), en el último caso oportunamente, porque de lo contrario el derecho de crédito se conservará intacto.*

Por consiguiente, es dable colegir que de la satisfacción de los indicados requisitos -inacción del acreedor y transcurso del tiempo- lo que se desprende es que el deudor puede, si quiere, hacer valer la prescripción extintiva, más no que el derecho de crédito del acreedor y la obligación correlativa se extingan en forma automática o ipso iure".

(...)

"(...) Corolario de todo lo expuesto es que la prescripción extintiva no es un fenómeno objetivo que se materialice por el sólo transcurso de tiempo; que si bien son requisitos esenciales para su consolidación, la inacción del titular del derecho o de la acción y que tal incuria suya sea continuada durante todo el marco temporal que, en cada caso, fija la ley, la concurrencia de estas exigencias no es suficiente para que se produzcan los efectos que le son propios; y que para ello, es decir, para que de la prescripción liberatoria se irradien las consecuencias que le pertenecen, es igualmente necesario que el deudor, o los demás interesados indicados en el inciso 2° del artículo 2513 del Código Civil, la hagan valer alegándola expresamente, ya sea como acción o como excepción, y que, mediante sentencia ejecutoriada, se acoja esa pretensión o dicho medio de defensa".

(...)

"Es que si, como ahora lo contempla la ley, el deudor, entre otros, puede demandar para que se declare la prescripción liberatoria, ello significa que en el supuesto de que el acreedor no promueva oportunamente la acción encaminada a hacer efectivo su derecho de crédito, aquél, una vez considere cumplidos los requisitos para que opere dicha forma de extinción, está habilitado para reclamar su reconocimiento y, por esta vía, impedir que éste -el acreedor-, a través de la promoción tardía de la acción de que está investido, manipule el momento a partir del que deba contarse el término de un año fijado en el artículo 882 del Código de Comercio como prescriptivo

	de la acción de enriquecimiento cambiario que ese precepto consagra".
26. Sentencia de tutela de 10 de julio de 2015 (M. P. Margarita CABELLO BLANCO). Sin publicar. **Confirmó** la sentencia impugnada por el accionante. En esta sentencia se reitera la doctrina contenida en las sentencias de **12 de diciembre de 2007** en cuanto a que no es necesario que se profiera sentencia previa de extinción de la acción cambiaria por prescripción o caducidad, como referente para la contabilización del término extintivo de la *actio in rem verso*; y **18 de diciembre de 2009** en cuanto a las notas características y diferenciadoras de la *acción de enriquecimiento cambiario*. **Reseña de la sentencia (de tutela) impugnada, proferida el 22 de mayo de 2015 por la Sala Civil del Tribunal Superior de Cali:** Negó la tutela impetrada tendiente a que se protegieran los derechos fundamentales al debido proceso, igualdad y acceso a la administración de justicia.	**Inviabilidad de la protección reclamada.** *"4. Bajo esa perspectiva, emerge diáfana la inviabilidad de la protección reclamada, en la medida en que, no están demostradas las ostensibles circunstancias estructurantes del yerro judicial que pudiera abrir las puertas del éxito a la tutela, pues, las acreditaciones obrantes en el plenario fueron puntualmente apreciadas, según la sana crítica; amén que la determinación que hoy se debate se funda en la valoración de la 'escritura pública de hipoteca No. 407 del 10 de febrero de 1998, otorgada en la Notaría 11 del Círculo de Santiago de Cali; dos pagarés sin número, debidamente desglosados del proceso hipotecario y; fotocopia simple de las sentencias de primera y segunda instancia en el proceso hipotecario', igualmente en la 'fotocopia auténtica de los procesos hipotecarios de primera y segunda instancia con la certificación que se encuentra ejecutoriada', así como en las normas aplicables al caso (artículos 789, inciso 3 del artículo 882 del Código de Comercio), reglas que lo condujeron a asentar que 'la acción cambiaria directa vencía el 10 de agosto del 2003 y la acción de enriquecimiento sin causa el 10 de agosto del 2004, términos que dejó vencer la demandante; y es que las instituciones de la caducidad y la prescripción buscan en primer lugar castigar la negligencia del acreedor y, en segundo lugar dar seguridad jurídica ya que el deudor no puede quedar de por vida ligado a una obligación al querer del acreedor'".*
27. Sentencia de 26 de junio de 2018 (M. P. Luis Armando TOLOSA VILLABONA). **No Casa** la sentencia impugnada por la parte demandante.	**La actio in rem verso es subsidiaria.** *"4.1. El enriquecimiento sin causa, como fuente obligacional "no clásica", halla su expresión en la actio in rem verso, a partir de las glosas y comentarios de Pomponio, según el*

En esta sentencia se reitera la doctrina contenida en las sentencias de **14 de marzo de 2001, 19 de diciembre de 2007, 26 de junio de 2008, 13 de octubre de 2009** y **9 de septiembre de 2013** en cuanto a que no es necesaria la declaración judicial de la caducidad o prescripción.

Reseña de la sentencia de segunda instancia, proferida el 15 de octubre de 2015 por el Tribunal Superior de Cartagena: Confirmó la sentencia de primera instancia, denegatoria de las pretensiones de la demanda.

Digesto (Libro 50, Tít. 17, N° 206)[8] para restituir cosas o dineros obtenidos sin motivo justificado.

Hoy es una herramienta procesal subsidiaria, según teoría aquilatada por la Corte de Casación francesa en los comienzos del siglo XX, siguiendo a Aubry y Rau; de tal modo, que la acción genérica de enriquecimiento, resulta procedente por carencia de instrumentos ordinarios para restablecer un patrimonio empobrecido, ante el enriquecimiento correlativo del de otro sujeto de derecho sin mediar justa causa".

Extremun remedium juris. *"El texto edifica el enriquecimiento cambiario concebido como un extremun remedium iuris, que legitima al tenedor de un documento crediticio, entregado como pago de una obligación preexistente, cuando es privado de los mecanismos procesales inherentes a los instrumentos negociables y de las acciones propias de la relación causal, por el implacable curso del tiempo, al estar fenecida por caducidad o prescripción. Con razón es vista como "(...) la muralla suprema de la justicia contra los rigores del formalismo (...)'[9], a fin de hacer valer para el acreedor los derechos derivados de la acción cambiaria perecida.*

Aunque es una acción emanada del enriquecimiento sin causa común, tiene singularidad propia de la cual no se

---

[8] MARTÍNEZ DE AGUIRRE ALDAZ, Carlos; DE PABLO CONTRERAS, Pedro – PÉREZ ÁLVAREZ, Miguel Ángel; PARRA LUCÁN, María Ángeles. *"Curso de Derecho Civil II. Derecho de Obligaciones"*. Madrid: Colex, 2000, p. 777, § 354.

[9] Lescot P. y Roblot R., Les Effets de Commerce, I, París, 1953, página 179; citados por CÁMARA Héctor, Letra de Cambio y Vale o pagaré, III, Ediar, Buenos Aires, 1980, página 446.

predica, en estricto rigor, el carácter subsidiario que reside en la genérica[10]; por cuanto es autónoma, pues fluye de una norma tocante con los títulos valores[11], distanciándose un tanto, de las otras formas de enriquecimiento injurídico".

La declaración de prescripción no es atributiva. *"es indiferente declarar o no en juicio la prescripción, "(...) dado que una decisión de esa naturaleza no es atributiva del fenómeno, sino que simplemente, con efectos ex tunc, lo constata y declara para la época en que se completó (...)"; o lo que es lo mismo, nada añade al respecto, pues el "(...) fallo reconoce y declara, no constituye el fenómeno consuntivo del derecho (...)".*

Problema jurídico a resolver. *"4.3. La corrección de la jurisprudencia o su matización, como se observa, abreva en la necesidad de distinguir la situación del deudor cartular que no ha sido compelido para el pago, del que si fue demandado oportunamente con ese mismo propósito.*

Se trata, entonces, siguiendo la dialéctica de la censura, de establecer si cabe poner en un plano de igualdad absoluta a quien nunca ha ejercitado la acción cambiaria, dejando, por tanto, caducar o prescribir el derecho, con el acreedor que sí promovió tempestivamente el proceso ejecutivo, pero que vio fracasar su aspiración por "(...) incidencias (...) ajenas a su actuar (...)".

---

[10] CSJ. Civil. Sentencia 093 de 21 de mayo de 2002, expediente 7061, y de 010 de 7 de junio de 2002, radicación 7360.

[11] CSJ. Civil. Sentencias de 18 de agosto de 1989; 5 de octubre de 1989; 31 de marzo de 1993; 25 de octubre de 2000; 14 de marzo de 2001; y de 30 de julio de 2001.

(...)

4.3.2. (...) si bien la ejecución se intentó antes de prescribir, la presentación de la demanda fue ineficaz para interrumpir la prescripción, puesto que luego de algunos hechos que condujeron a declarar la nulidad de lo actuado, la vinculación del ejecutado fue inoportuna.

(...)

4.3.3. Así las cosas, queda claro que el acreedor cambiario efectivamente incidió en la notificación inoportuna del ejecutado, pues era de su carga verificar el cumplimiento de los requisitos previos y concomitantes a su emplazamiento, los cuales no podía ignorar, si se considera que se encontraba asistido de la debida defensa técnica".

Jurisprudencia invariable. *"4.4. En consecuencia, en función de los hechos del proceso, establecido que ningún tratamiento desigual se irrogó a la parte demandante recurrente, otrora ejecutante, no hay lugar a corregir o matizar la doctrina de la Corte.*

*Se mantiene enhiesta, por lo tanto, la jurisprudencia d esta Corporación, según la cual, para el ejercicio de la acción de enriquecimiento cambiario no es necesario reconocer previamente la prescripción del derecho incorporado en un título valor, porque en línea de principio general, inclusive en la hipótesis de una decisión judicial, al ser de naturaleza eminentemente **declarativa**, los efectos se proyectan o retrotraen a la fecha en que el fenómeno se consumó (se subraya y resalta).*

En la práctica no hay diferencias entre

el legítimo tenedor de un título valor que no promovió la acción de cobro, de aquel que sí lo hizo pero que por haberlo hecho a destiempo o intentado en oportunidad, en el trámite del asunto dio lugar a la configuración del fenómeno extintivo.

Por supuesto, en cualquiera de esos eventos se está en presencia de un acreedor negligente. Tanto lo es aquel que se abstuvo de ejecutar, como quien sí demandó, pero por hacerlo tarde permitió el acaecimiento de la caducidad o de la prescripción, o cuando por su actitud procesal lo propició durante la tramitación. Otras hipótesis podrán tener resultados distintos".

Lo que ha puesto de presente la Corte. *"4.4.2. Como se observa, en punto de la materialización de la caducidad o de la prescripción de la acción cambiaria derivada de un título valor y de la consecuente prescripción del enriquecimiento injusto cartular, la Corte ha puesto de presente, fincada en una doctrina probable, de acuerdo con el artículo 10 de la Ley 153 de 1887, modificado como quedó por el artículo 4° de la Ley 169 de 1896, de manera reiterada y uniforme:*

1. Que el hito para tener por configurada la prescripción o la caducidad de la acción cambiaria, como presupuesto estructural, es la simple consumación de uno cualquiera de esos fenómenos jurídicos, por cuanto nada distinto es del resorte del artículo 882 citado.

2. Que como consecuencia, el momento a partir del cual comienza a transitar el año para la prescripción de la acción de enriquecimiento cambiario es el instante en que se configura la

| | *caducidad o la prescripción del instrumento negociable, y no la fecha de la providencia que declara una u otra cosa dentro la acción promovida por el acreedor, tal cual se ha motivado en las ya citadas sentencias 034 de 14 de marzo de 2001, expediente 6550; 147 de 19 de diciembre de 2007, radicación 00101; 057 de 26 de junio de 2008, expediente 00112; 13 de octubre de 2009, radicación 00605 y de 9 de septiembre de 2013, expediente 00339.*

(...)

3. No existe norma que exija un pronunciamiento judicial previo sobre la consumación de la caducidad o prescripción. Lo contrario, implicaría imponer un requisito que la ley no contempla; por tanto, es suficiente demostrar que la acción de cobro se extinguió por el paso del tiempo o por incumplimiento de las cargas legales.

4. De ahí que el término para la gestación del año fijado en el artículo 882 del Código de Comercio, empieza a correr desde el día en que caducó o prescribió el instrumento, sin requerirse decisión judicial respecto de la acción cambiaria. De contera, la formulación de la acción de enriquecimiento cartular sin justa causa, no depende de reconocimiento judicial alguno.

5. Exigir como requisito una sentencia que declare la prescripción de un título valor, genera incertidumbre e indefinición de los derechos por cuenta del acreedor, pues es autorizarlo para que aun tardíamente inicie la ejecución para rescatar la vía del enriquecimiento cambiario.

(...) |

6. (...) de ninguna manera puede hacerse depender la acción de la posibilidad o expectativa de la renuncia de su derecho por el deudor, porque según la misma premisa basta la extinción por el mero transcurso del tiempo o el incumplimiento de las cargas legales.

En este contexto, resulta extraña e innecesaria para la consumación de la prescripción de acción in rem verso, la distinción conceptual entre el legítimo tenedor de un título valor que no promovió la acción de cobro oportunamente, de aquel que sí lo hizo; claro, salvo situaciones patentes que muestren la existencia de manifiestos comportamientos desleales del deudor en el proceso.

La sentencia que admite la consumación de la caducidad o de la prescripción no es constitutiva, sino declarativa. *"4.4.3. (...) Al fin de cuentas, la providencia que por vía judicial admite la configuración de la prescripción o de la caducidad de la acción o el derecho, no es, per se, constitutiva, porque no establece, a partir del reconocimiento jurisdiccional, una nueva situación jurídica que antes no existía.*

Desde luego, la decisión de ese talante, es meramente declarativa, en cuanto no hace más que reconocer el acaecimiento del fenómeno, siendo, por lo mismo, retroactivos sus efectos a la fecha de consumación, entre ellos, el empobrecimiento del acreedor y el correlativo enriquecimiento del deudor.

En este orden, el hito para establecer en qué momento empieza a andar el plazo establecido en el inciso final del artículo 882 del Código de Comercio,

	no será, por tanto, la fecha de la respectiva decisión judicial, sino en vía de principio general, aquella en la cual el término contemplado para la acción cambiaria se materializó".
Aclaración de voto (M. P. Margarita CABELLO BLANCO	**Casos en que el inicio del conteo del término de la acción de enriquecimiento cambiario debe partir de la ejecutoria de la sentencia que declare la prescripción o la caducidad de la acción cambiaria.** *"(...) este párrafo invita a su lector a que se indague por la posición contraria, esto es, cuando el acreedor -tenedor legítimo del título valor- propone en forma oportuna su cobro coactivo y por circunstancias enteramente ajenas a él, que no le son imputables, y por consiguiente no atribuibles a su incuria, negligencia, inexplicable omisión, dejadez o descuido, logra la notificación al deudor demandado ya vencido el año de que trata el artículo 90 del Código de Procedimiento Civil con la modificación introducida por la Ley 794 de 2003. Piénsese en el caso de una nulidad procesal generada por fallecimiento del deudor, cuya notificación se surtió por conducto de curador ad litem y cuyo óbito no fue razonablemente posible que el acreedor lo conociese.* *Estas cortas ideas me inducen a pensar que el planteamiento jurisprudencial de la Corte, y de que se hace acopio en la providencia de esta causa, debe atemperarse para reconocer, como lo sugieren implícitamente por lo demás las providencias de la Sala, que cuando en el proceso ejecutivo tempestivamente incoado por el tenedor legítimo acaecen circunstancias impredecibles, no controlables por aquél y que conducen a que el término de*

| | *prescripción o de la caducidad no se detengan en los términos del artículo 90 del Código de Procedimiento Civil y hoy del artículo 94 del Código General del Proceso, el inicio del conteo del término de la acción de enriquecimiento cambiario debe partir de la ejecutoria de la sentencia que declare la prescripción o la caducidad de la acción cambiaria, con lo cual, desde ya reconozco que no obstante ser dicha sentencia de carácter declarativo, gana más peso en mi criterio y por ende prevalece la justicia a la lógica formal y la dogmática.*

Alguna solución se esbozó en el sentido de la previsión que debe tener el acreedor de entablar, aún no terminado el proceso ejecutivo, uno declarativo en el que ejercite la acción de enriquecimiento, no obstante su subsidiariedad, cuando de manera objetiva pueda deducir que la interrupción de que tratan las normas procesales mencionadas no se va a dar sino con la efectiva notificación al demandado (cfr. SC del 9 de septiembre de 2013, rad. 11001-31-03-043-2006-00339-01). Pero aún así, subsisten numerosos casos en el que se materializa la eventualidad mencionada enantes y que me lleva a dejar en estas líneas mi aclaración"[12]. |

---

[12] Para dar respuesta a la inquietud formulada en la aclaración de voto precitada, es pertinente memorar que, conforme se indicó en la nota de pie de página número 80 del Volumen I de la presente obra, *"La carga de lograr (el demandante) la notificación al demandado del auto admisorio de la demanda, o en su caso el de mandamiento ejecutivo, 'dentro del término de un (1) año contado a partir del día siguiente a la notificación de tales providencias al demandante', no le es exigible cuando dicho término transcurre sin su culpa".*

Se dijo allí, y se reitera aquí, que sobre el particular versa la sentencia C-227 de 2009, por la cual la Corte Constitucional declaró exequible *"el numeral 3° del artículo 91 del Código de Procedimiento Civil, tal como fue modificado por la Ley 794 de 2003 en cuanto se refiere a las causales de nulidad previstas en los numerales 1° y 2° del artículo 140 del Código de Procedimiento Civil 'en el entendido que la no interrupción de la prescripción y la operancia de la caducidad sólo aplica cuando la nulidad se produce por culpa del demandante"*. (Advertencia que fue acogida en el numeral 5 del artículo 95 del Código General del Proceso).Y también la sentencia C, de la CSJ, de 20 de septiembre de 2000 (M. P. José Fernando RAMÍREZ GÓMEZ), relativa a la no caducidad de los efectos patrimoniales de la acción de paternidad a que se refiere el inciso 4 del artículo 10 de la Ley 75 de 1968 cuando, *"por ocultación, escollos u obstáculos de los demandados, o negligencia de los funcionarios judiciales"*, el auto admisorio de la demanda les es notificado a los demandados de manera *"extemporánea, a pesar de la normal diligencia del demandante"*. (En el mismo sentido dos sentencias de 19 de noviembre de 1976, Gaceta CLII, pp. 497 a 509 y 510 a 521, citadas en la providencia en mención).

CAPÍTULO II

MODELO DE DEMANDA DE ENRIQUECIMIENTO CAMBIARIO
(Incluye notas explicativas)

Señor:
JUEZ CIVIL (MUNICIPAL[1] o DEL CIRCUITO[2]) (Reparto)
(Nombre de la ciudad o municipio)[3]
E.   S.   D.

Radicación N°:
Ref.: Proceso[4]
Demandante: XX
Demandado: YY

ZZ, mayor de edad, con domicilio y residencia en (ciudad y departamento), abogado en ejercicio, identificado con la cédula de ciudadanía número ..., expedida en (ciudad) y portador de la tarjeta profesional número ..., expedida por el Consejo Superior de la Judicatura, obrando como apoderado judicial de XX, en los términos que a continuación se exponen, presento la siguiente:

DEMANDA DE ENRIQUECIMIENTO CAMBIARIO

I.   DESIGNACION DEL JUEZ A QUIEN SE DIRIGE

El Señor Juez Civil (Municipal, o del Circuito) -reparto- de (ciudad).

II.   DESIGNACION Y DOMICILIO DE LAS PARTES, Y REPRESENTANTES Y APODERADOS DE LAS MISMAS.

A.   PARTE DEMANDANTE[5]

XX, mayor de edad, identificado con la cédula de ciudadanía número ... expedida en ..., con domicilio y residencia en (ciudad y departamento). (Si se trata de una persona jurídica o un patrimonio autónomo, debe indicarse su número de identificación tributaria, NIT, lo mismo que el nombre y número de identificación de su representante).

El suscrito, ZZ, mayor de edad, con domicilio y residencia en (ciudad y departamento), abogado en ejercicio, identificado como aparece al pie de mi firma, para los efectos aquí previstos obra como apoderado judicial de la parte demandante.

B.   PARTE DEMANDADA[6]

YY, mayor de edad, identificado con la cédula de ciudadanía número ... expedida en ..., con domicilio y residencia en (ciudad y departamento). (Si se trata de una persona jurídica o un patrimonio autónomo, debe indicarse su número de identificación tributaria, NIT, lo mismo que el nombre y número de identificación de su representante, si se conoce).

Ignoro quién sea su apoderado judicial de carácter general.

III.   PRETENSIONES

Son las siguientes o parecidas declaraciones:

PRIMERA: Que se declare que el título valor de contenido crediticio (identificar aquí el instrumento negociable -letra de cambio, cheque, pagaré o cualquiera otro título valor de contenido crediticio-)[7] fue descargado por (caducidad, o prescripción, según el caso)[8] y [9], de la acción cambiaria (directa, o de regreso, según el caso)[10], de XX contra YY, con lo cual se produjo también la extinción de la obligación originaria o fundamental consistente en (describir aquí la obligación pertinente, v. gr. pagar la suma de $ .... correspondiente al saldo adeudado por razón del contrato de compraventa de ... celebrado el ...).

SEGUNDA: Que se declare que YY se enriqueció sin justa causa y a expensas de XX por razón del descargo del instrumento en la forma antes indicada.

TERCERA: Que, en consecuencia, se condene a YY a:

1.   Restituir a XX la suma de ..., o el mayor o menor valor que se establezca en el proceso[11], equivalente al monto por el cual se enriqueció YY. *(En este caso -restitución del monto del enriquecimiento-, la suma reclamada no puede exceder el monto del empobrecimiento)*[12].

[Otra forma de redacción de tal pretensión sería: Restituir a XX la suma de ... , o el mayor o menor valor que se establezca en el proceso, equivalente al monto por el cual XX se empobreció. *(En este caso -restitución del monto del empobrecimiento-, la suma reclamada no puede exceder el monto del enriquecimiento*].

2.   Pagar los intereses remuneratorios correspondientes, mas el reajuste por corrección monetaria[13] del monto de dinero que deba restituir, sin que la suma de ambos factores (intereses y corrección monetaria) exceda una y media (1.5) veces el interés bancario corriente, conforme lo establecen los artículos 884 del Código de Comercio, 305 del Código Penal y demás disposiciones concordantes[14].

CUARTA: Que se condene a YY al pago de las costas, incluidas las agencias en derecho.

IV.   HECHOS QUE SIRVEN DE FUNDAMENTO DE LAS PRETENSIONES

PRIMERO: Mediante escritura pública número ... de (día, mes y año), otorgada en la Notaría ... del Círculo de (ciudad) XX vendió a

YY el inmueble ubicado en ..., distinguido con la matrícula inmobiliaria número ..., cuyos linderos se encuentran contenidos en la escritura pública antes mencionada y anexa a la presente demanda[15].

(*Este hecho hace alusión a la **relación causal** o **negocio jurídico fundamental**, que puede consistir también en un contrato de mutuo, el reembolso del dinero mutuado, la compraventa de mercancías, el arrendamiento de un bien, la prestación de servicios profesionales, etc.*).

SEGUNDO: Dicho inmueble fue pagado así: **(i)** la suma de $ ... el día de la firma de la escritura de compraventa, y **(ii)** el saldo, esto es la suma de $ ..., mediante cheque librado con cargo a la cuenta corriente bancaria número … abierta a nombre de YY en el Banco ..., Sucursal ...

Otras formas de narración de este hecho podrían ser:

*SEGUNDO: Dicho inmueble fue pagado así: **(i)** la suma de $ ... el día de la firma de la escritura de compraventa, y **(ii)** el saldo, esto es la suma de $ ..., el (día, mes y año), llegado el cual, el comprador YY pagó el citado saldo a XX mediante la entrega del cheque número ...., por valor de $ ...., librado con cargo a la cuenta corriente bancaria número ... abierta a nombre de YY en el Banco ..., Sucursal ...,* o

*SEGUNDO: Dicho inmueble fue pagado así: **(i)** la suma de $ ... el día de la firma de la escritura de compraventa, y **(ii)** el saldo, esto es la suma de $ ..., el (día, mes y año), efecto para el cual el comprador YY otorgó, a la orden del vendedor XX, el pagaré ... (o aceptó y entregó al vendedor XX la letra de cambio ...., girada a la orden de XX), por valor de $ ....*

TERCERO: El cheque citado en el hecho "SEGUNDO" fue presentado en tiempo para su pago[16], empero no fue pagado por causas imputables al librador.   Además, el tenedor XX dejó transcurrir el plazo de seis (6) meses, contados desde la presentación del cheque, de que trata el artículo 730 del Código de Comercio, operando en esta forma la prescripción de la acción cambiaria de regreso contra el librador YY, o

TERCERO: El cheque citado en el hecho "SEGUNDO" no fue presentado para su pago en tiempo, pese a que durante todo el plazo de presentación el librador mantuvo fondos suficientes para su pago en poder del banco librado y no se produjo, en dicho lapso, una causa de no pago imputable al librador[17], operando en esta forma la caducidad de la acción cambiaria de regreso contra el librador y sus avalistas de que trata el artículo 729 del Código de Comercio, o

TERCERO: El cheque citado en el hecho "SEGUNDO" no fue presentado para su pago en tiempo, pero el librador no mantuvo, durante todo el plazo de presentación, fondos suficientes para su pago en poder del banco librado (o, pese a haber existido fondos suficientes en poder del banco librado durante todo el plazo de presentación, se produjo, durante el mismo, una causa de no pago imputable al librador —como la carencia absoluta de fondos, fondos insuficientes, orden de no pago, firma no registrada, firma no concordante con la registrada, falta de una o más firmas por tratarse de una cuenta corriente bancaria que opera con firmas conjuntas, falta de sello antefirma registrado, falta de protector registrado, cheque enmendado, falta de cantidad–es– en letras o números, o instrumento aparentemente falsificado–)[18]. Empero, el tenedor XX dejó transcurrir el término de seis (6) meses, contados desde que concluyó el plazo de presentación de que trata el artículo 730 en armonía con el 790 del Código de Comercio, operando en esta forma la prescripción de la acción cambiaria de regreso contra el librador YY, o

TERCERO: (En el caso del pagaré otorgado por el comprador, o de la letra aceptada por éste). El plazo para el pago del título valor mencionado en el hecho "SEGUNDO" venció el (día, mes y año), no obstante, lo cual no fue pagado por el comprador XX. Además, el tenedor XX dejó transcurrir el plazo de tres (3) años contados a partir del día del vencimiento de que trata el artículo 789 del Código de Comercio, operando en esta forma la prescripción de la acción cambiaria directa.

CUARTO: Con el descargo del título en la forma antes indicada, el demandado YY obtuvo un enriquecimiento a expensas de XX, quien sufrió un empobrecimiento correlativo, por la suma de $ ..., que coincide con el saldo que quedó adeudando YY con ocasión del negocio jurídico fundamental en virtud del cual fue entregado el título (o librado el cheque, u otorgado el pagaré, o aceptada la letra de cambio), enriquecimiento cuyo reembolso se pretende mediante la presente demanda[19].

QUINTO: XX solicitó la realización de la *Audiencia de Conciliación como requisito de procedibilidad* de que trata la Ley 2220 de 2022 ante el Centro de Conciliación ...., a la cual fue convocado y citado YY.

SEXTO: Dicha audiencia de conciliación se llevó a cabo el (día, mes y año).   No obstante, no fue posible conciliar las diferencias suscitadas al efecto (a la presente demanda se acompaña el acta de celebración de la audiencia con la constancia de **no conciliación**, con lo cual se da cumplimiento a los artículos 7, 29, 65, 67 y 71 y demás disposiciones concordantes de la Ley 2220 de 2022).

V.   PRUEBAS

Solicito que se decreten, practiquen y tengan como pruebas las siguientes:

A.   DOCUMENTOS

1.   Copia auténtica de la escritura pública citada en el hecho "PRIMERO" de la demanda, con la cual se demuestra el negocio jurídico fundamental.

2. Certificado de tradición del inmueble distinguido con la matrícula inmobiliaria número ..., con el cual se demuestra la tradición del mismo por parte del vendedor XX al comprador YY. (La prueba de la entrega del inmueble se acredita con la escritura pública de compraventa en la cual consta que el vendedor entregó en forma real y material dicho bien al comprador)[20].

3. El título valor descargado por (caducidad, o prescripción de la acción cambiaria)[21].

4. El escrito contentivo de la solicitud de *Audiencia de Conciliación como requisito de procedibilidad* ante el Centro de Conciliación de

5. La constancia sobre no conciliación expedida por el Centro de Conciliación de ....

Nota: Para los fines pertinentes, manifiesto al Despacho que tanto el índice de precios al consumidor como los intereses reclamados en la presente demanda, son indicadores económicos reputados hechos notorios conforme lo establece el artículo 180 del Código General del Proceso (en el mismo sentido las sentencias de 1° de septiembre de 2009, de la Sala de Casación Civil de la Corte Suprema de Justicia, M. P. Ruth Marina DÍAZ RUEDA, publicada en *Jurisprudencia y Doctrina*, t. XXXVIII, N° 456, Legis, Bogotá, D. C., dic. de 2009, p. 207; y 17 de noviembre de 2011, de la misma corporación, M. P. William NAMÉN VARGAS, publicada en *Jurisprudencia y Doctrina*, t. XLI, N° 481, Legis, Bogotá, D. C., ene. de 2012, p. 18). No obstante, en caso de que el Despacho estime otra cosa, solicito entonces se libren los siguientes:

B. OFICIOS

1. Oficio al Departamento Nacional de Estadística, DANE, cuyas

instalaciones funcionan en ..., para que a mi costa se sirva expedir y remitir certificación sobre los aumentos del índice de precios al consumidor a partir del (día mes y año en que venció la obligación originaria o fundamental).

2.   Oficio a la Superintendencia Financiera de Colombia, cuyas instalaciones funcionan en ..., para que a mi costa se sirva expedir y remitir certificación sobre las tasas de interés banco corriente, así como de los créditos ordinarios de libre asignación.

C.   (*Las demás pruebas pertinentes, conducentes y útiles para establecer la veracidad de los hechos en que se fundamentan las pretensiones. Así, por ejemplo, si la prescripción o caducidad de la acción cambiaria se basa en un cheque presentado en tiempo para su pago y no pagado por causas imputables a librador, y además su tenedor dejó transcurrir el plazo de seis de que trata el artículo 730, contados desde la presentación del cheque, sería aconsejable probar la causa de no pago imputable al librador, V. gr. carencia absoluta de fondos, fondos insuficientes, orden de no pago, firma no registrada, firma no concordante con la registrada, falta de una o más firmas por tratarse de una cuenta corriente bancaria que opera con firmas conjuntas, falta de sello antefirma registrado, falta de protector registrado, cheque enmendado, falta de cantidad–es– en letras o números, o instrumento aparentemente falsificado*).

VI.   FUNDAMENTOS DE DERECHO

Además de las normas legales y precedentes judiciales aquí citados, fundamento la presente demanda en los artículos 831 y 882 del Código de Comercio, y demás disposiciones concordantes.

VII.   CUANTIA.

De conformidad con el numeral 1 del artículo 26 del Código General del Proceso, estimo la cuantía en la suma de $ ... (valor de las pretensiones, incluidos los intereses reclamados como accesorios, al tiempo de la demanda)[22], que corresponde al valor del empobrecimiento experimentado por el convocante y el recíproco enriquecimiento evidenciado por el convocado.

VIII. CLASE DE PROCESO QUE CORRESPONDE A LA PRESENTE DEMANDA

A la presente demanda corresponde el trámite del proceso verbal consagrado en el título I, Sección Primera, del Libro Tercero del Código General del Proceso (artículos 368 a 373 y 377).

IX. COMPETENCIA

Por la calidad y domicilio de las partes, la materia y el valor de las pretensiones, es usted, señor Juez Civil (Municipal -en caso de que el proceso fuere de mínima o menor cuantía-, o del Circuito -en caso de que fuere de mayor cuantía-) -reparto- de la ciudad de ..., competente para conocer de la presente demanda.

X. ANEXOS

1. Los documentos enunciados en el acápite de Pruebas.

2. El poder conferido al suscrito para actuar en el presente proceso.

3. Copia de la presente demanda para el archivo del Juzgado[23].

4. Copia de la presente demanda y sus anexos con destino a la notificación y traslado a la parte demandada[24].

XI. DIRECCIONES PARA RECIBIR NOTIFICACIONES PERSONALES

1.   El demandante recibe notificaciones personales en ... (indicar, además, el correo electrónico, si lo tiene).

2.   El suscrito, en mi condición de apoderado judicial del demandante, recibe notificaciones personales en mi oficina de abogado situada en ..., y en la siguiente dirección electrónica (indicar el correo electrónico).

3.   Para los fines previstos en el artículo 291 del Código General del Proceso, informo al Señor Juez que la dirección del lugar de habitación (o trabajo) en que el demandado recibe notificaciones personales es: ... (indicar, además, la dirección electrónica, si se conoce).

Señor Juez,

Con todo comedimiento

ZZ
C.C.
T.P.

---

[1] **Competencia del Juez Civil Municipal.** En única instancia, en caso de que la demanda sea de *mínima cuantía* (pretensiones patrimoniales que no excedan el equivalente a 40 salarios mínimos legales mensuales); o, en primera instancia, en caso de que la demanda sea de *menor cuantía* (pretensiones patrimoniales que excedan el equivalente a 40 salarios mínimos legales hasta el equivalente a 150 salarios mínimos legales mensuales). (Artículos 17-1, 18-1 y 25 del Código General del Proceso).

[2] **Competencia del Juez Civil del Circuito.** En primera instancia, en el evento en que la demanda sea de *mayor cuantía* (pretensiones patrimoniales que excedan el equivalente a 150 salarios mínimos legales mensuales). (Artículos 18-1 y 25 del Código General del Proceso).

[3] **Determinación de la Competencia Territorial.** En este caso, para efectos de determinar la *competencia territorial*, son aplicables las siguientes reglas:

1) Es competente el juez del domicilio del demandado, y si éste tiene varios el de cualquiera de ellos a elección del demandante. (numeral 1º del artículo 28 del Código General del Proceso).

2) *"Cuando el demandado carezca de domicilio en el país, será competente el juez de su residencia. Cuando tampoco tenga residencia en el país, o ésta se desconozca, será competente el juez del domicilio o de la residencia del demandante".* (Apartado final del numeral 1° del artículo 28 del Código General del Proceso).

3) Si son varios los demandados, es competente el juez del domicilio *"de cualquiera de ellos a elección del demandante".* (Numeral 1º del artículo 28 del Código General del Proceso).

4) Si se demanda a una persona jurídica, *"es competente el juez de su domicilio principal. Sin embargo, cuando se trate de asuntos vinculados a una sucursal o agencia, serán competentes, a prevención, el juez de aquél y el de ésta".* (Numeral 5º del artículo 28 del Código General del Proceso).

5) Si se demanda a una entidad territorial, a una entidad descentralizada por servicios, o a cualquiera otra entidad pública, es competente, en forma privativa, el juez del domicilio de la respectiva entidad. (Inciso 1° del numeral 10 del artículo 28 del Código General del Proceso).

6) *"Cuando la parte esté conformada por una entidad territorial, o una entidad descentralizada por servicios o cualquiera otra entidad pública y cualquier otro sujeto, prevalecerá el fuero territorial de aquellas".* (Inciso 2° del numeral 10 del artículo 28 del Código General del Proceso).

[4] **Clase de proceso.** En la actualidad, conforme lo prevé el artículo 368 del Código General del Proceso, el trámite corresponde al de un proceso *verbal*, por tratarse de un asunto contencioso no sometido a un trámite especial.

[5] **Legitimado por activa.** El legitimado por activa en la ***actio in rem verso*** puede ser:

1) *El primer beneficiario.* Cuando el título no es negociado y en su poder opera la caducidad o prescripción de la acción cambiaria.

2) *El único endosatario.* Cuando el título ha sido negociado sólo una vez y en manos de su único endosatario opera la caducidad o prescripción de la referida acción.

3) *El último endosatario.* Cuando el título ha sido negociado varias veces y su último endosatario deja transcurrir el tiempo de caducidad o prescripción que conlleva el descargo definitivo del instrumento.

4) *El obligado de regreso que lo ha recibido en retorno.* Quien asume la posición de acreedor cartular, y en cuyas manos opera la caducidad o prescripción de la acción cambiaria con lo cual se produce el descargo del instrumento.

5) *El endosatario (o cesionario) que lo ha recibido después de vencido pero, según da a entenderlo la Corte (sentencia de 6 de diciembre de 1993), antes de ocurrida la caducidad o prescripción de la acción cambiaria. Podría, incluso, darse el caso de un cesionario que recibe el título después de ocurrida la caducidad o prescripción de la acción cambiaria pero, eso sí, antes de que operare la prescripción de la **actio in rem verso** cambiario.*

6) *El avalista.* Quien, al tenor del artículo 638 del Código de Comercio, cuando paga, *"(...) adquiere los derechos derivados del título-valor contra la persona garantizada y contra los que sean responsables respecto de esta última por virtud del título".*

[6] **Legitimado por pasiva.** El legitimado por pasiva en la *actio in rem verso* puede ser:

1) *El librador del cheque.*

2) *El girador de la letra no aceptada por el girado*, pero que recibe del beneficiario un bien o servicio equivalente al importe de la misma. Esto cuando el girador, el girado -aceptante- y el beneficiario son personas distintas. Tal sería el caso, por ejemplo, de que **A** (girador) dé la orden a **B** (girado-aceptante) de pagar una suma determinada a **C** (beneficiario), por razón de servicios que el girador **A** hubiere recibido del beneficiario **C**.

3) *El aceptante de la letra.*

4) *El otorgante del pagaré.*

5) *Cualquiera de los endosantes* (lo que es más bien remoto). Podría ser el caso del endosante que obtiene la letra de cambio de manos del beneficiario sin pagar valor alguno, pero que la transfiere a un tercero por un valor que sí recibe.

[7] **Título valor de contenido crediticio susceptible de ser entregado por una obligación anterior.** De acuerdo con el inciso 1° del artículo 882 del C. Co., son susceptibles de ser entregados en pago de una obligación anterior *"letras, cheques, pagarés y demás títulos valores de contenido crediticio".* Las letras de cambio, los cheques y los pagarés son, en principio, los únicos títulos valores de contenido crediticio en virtud de cuya entrega (que puede consistir en la emisión, el endoso o la transferencia), suele darse cumplimiento a obligaciones preexistentes. Es difícil suponer que pueda, por ejemplo, darse cumplimiento a una obligación preexistente mediante el endoso o transferencia de una factura (factura cambiaria de compraventa y factura cambiaria de transporte antes de la Ley 1231 de 2008), que también es título valor de contenido crediticio. No obstante, habida cuenta que no es descartable la posibilidad de que las facturas sean eventualmente negociadas, el artículo 882 no las excluyó de la factibilidad de ser endosadas o transferidas en cumplimiento de obligaciones contraídas con anterioridad. Esta fue seguramente la razón por la cual en la norma citada, a continuación de las palabras *"letras, cheques, pagarés",* viene agregada la expresión *"y demás títulos-valores de contenido crediticio".*

Fuera de los citados de manera expresa en el artículo 882, los demás títulos valores de contenido crediticio son, básicamente:

1. La factura (ya referenciada),

2. El bono de prenda (en tal sentido fue concebido por la CSJ, SC, en sentencia de Casación de 29 de mayo de 1991, en la cual indicó: *"El bono de prenda, en particular, es un título-valor de contenido crediticio que lleva inserta la promesa de pagar una suma de dinero a una persona determinada o al portador; suma garantizada con prenda sobre las mercaderías en él referidas, depositadas en el Almacén General",* M. P. Alberto Ospina Botero, G. J. t. CCVIII, p. 398),

3. Los bonos, y

4. El certificado de depósito a término (CDT).

[8] **La caducidad y la prescripción como formas de descargo del instrumento que dan lugar a la acción de enriquecimiento cambiario.** Las formas de caducidad o prescripción que producen el descargo del instrumento negociable y que dan lugar a la acción de enriquecimiento cambiario, son básicamente:

1) *La caducidad de la acción cambiaria de regreso contra el librador del cheque (título valor en el cual no existen obligados directos) y sus avalistas.* Acontece cuando el título no es presentado y protestado en tiempo, siempre que durante todo el plazo de presentación el librador (titular de la cuenta corriente bancaria) hubiere tenido fondos suficientes en poder del banco librado y por causa no imputable a dicho librador (lo que en la práctica supone que la no presentación en tiempo no se deba a culpa del librador), el cheque haya dejado de pagarse (artículo 729, C. Co.).

2) *La prescripción de la acción cambiaria de regreso en el cheque.* Acontece, para el último tenedor, cuando no habiendo caducado la acción cambiaria contra el librador y sus avalistas (si los hubiere), el último tenedor deja transcurrir seis (6) meses contados desde la presentación; y, para los endosantes o avalistas, cuando, no habiendo caducado la acción cambiaria contra los demás signatarios, dejan pasar el mismo término, pero contado éste desde el día siguiente a aquel en que pagan el cheque (artículo 730, C. Co.).

Otra forma, excepcional, de prescripción de la acción cambiaria en el cheque que acarrea el descargo del instrumento, es la prescripción del cheque de viajero o turístico, que se configura, frente al (banco) librador, por la no presentación del título dentro de los diez (10) años siguientes a su emisión (momento a partir del cual se encuentra disponible la provisión), y, frente al corresponsal que lo ponga en circulación, por su no presentación dentro de los cinco (5) años siguientes a la emisión. (Arts. 746 y 751, C. Co.).

3) *La prescripción de la acción cambiaria directa en los títulos valores de contenido crediticio distintos del cheque.* Se configura, simplemente, cuando el tenedor del instrumento deja transcurrir tres (3) años, contados a partir del día del vencimiento (artículo 789, C. Co.).

En tratándose de bonos, las acciones para el cobro de intereses y capital prescriben en cuatro (4) años contados desde la fecha de su exigibilidad. (Dec. 2555/2010, artículo 6.4.1.1.39).

4) *La prescripción de la acción cambiaria de regreso contra el girador de la letra no aceptada por el girado* (cuando el girador es persona distinta del girado y no ha mediado la aceptación de éste, evento en el cual no existe acción cambiaria directa). Se produce en los términos de los artículos 790 y 791 del C. Co., esto es: para el último tenedor, *"en un año contado desde la fecha del protesto o, si el título fuere sin protesto, desde la fecha del vencimiento; y, en su caso, desde que concluyan los plazos de presentación"* (artículo 790); y para el obligado de regreso contra los demás obligados anteriores, *"en seis meses, contados a partir de la fecha del pago voluntario o de la fecha en que se le notifique la demanda"* (artículo 791).

[9] **Formas de caducidad y prescripción de la acción cambiaria de regreso que no conllevan el descargo del instrumento negociable y que, por lo mismo, no dan lugar a la acción de enriquecimiento cambiario.** Para los efectos previstos en el tercer inciso del artículo 882 del C. Co., las formas de caducidad o prescripción antes enunciadas son prácticamente las únicas que dan lugar al descargo definitivo del instrumento y a la consiguiente extinción de la obligación *fundamental*, y que legitiman al acreedor para dirigirse contra quien haya resultado enriquecido a causa de la caducidad o de la prescripción.

No producen descargo del título ni dan lugar a la acción de enriquecimiento cambiario los siguientes eventos de caducidad y prescripción de la acción cambiaria de regreso:

1) *La caducidad de la acción cambiaria de regreso contra los endosantes y sus*

avalistas en el cheque. Que se configura por la simple falta de presentación o protesto oportunos, la cual no obstante ocurrida, deja subsistente la acción cambiaria de regreso contra el librador y sus avalistas (artículo 729 del C. Co.), siempre que durante todo el plazo de presentación el librador no hubiere tenido fondos suficientes en poder del librado, pues de tenerlos y no habiendo el tenedor presentado el cheque operaría también la caducidad de la acción contra dichos librador y avalista, dando lugar a la posibilidad de ejercer la ***actio in rem verso cambiario*** de que se viene hablando.

2) La caducidad de la acción cambiaria de regreso (que deja subsistente la acción cambiaria directa) en los demás instrumentos negociables distintos del cheque. En los demás instrumentos negociables distintos del cheque, la caducidad de la acción cambiaria de regreso opera por no haberse presentado el título en tiempo para su aceptación o para su pago, o por no haberse levantado el protesto conforme a la ley (artículos 698 y 787 ibídem).

3) La prescripción de la acción cambiaria de regreso (que también deja subsistente la acción cambiaria directa) en los demás instrumentos negociables distintos del cheque.

[10] **La caducidad y la prescripción como formas de descargo del instrumento que dan lugar a la acción de enriquecimiento cambiario.** Las formas de caducidad o prescripción que producen el descargo del instrumento negociable y que dan lugar a la acción de enriquecimiento cambiario, son básicamente:

1) *La caducidad de la acción cambiaria de regreso contra el librador del cheque (título valor en el cual no existen obligados directos) y sus avalistas.* Acontece cuando el título no es presentado y protestado en tiempo, siempre que durante todo el plazo de presentación el librador (titular de la cuenta corriente bancaria) hubiere tenido fondos suficientes en poder del banco librado y por causa no imputable a dicho librador (lo que en la práctica supone que la no presentación en tiempo no se deba a culpa del librador), el cheque haya dejado de pagarse (artículo 729, C. Co.).

2) *La prescripción de la acción cambiaria de regreso en el cheque.* Acontece, para el último tenedor, cuando no habiendo caducado la acción cambiaria contra el librador y sus avalistas (si los hubiere), el último tenedor deja transcurrir seis (6) meses contados desde la presentación; y, para los endosantes o avalistas, cuando, no habiendo caducado la acción cambiaria contra los demás signatarios, dejan pasar el mismo término, pero contado éste desde el día siguiente a aquel en que pagan el cheque (artículo 730, C. Co.).

Otra forma, excepcional, de prescripción de la acción cambiaria en el cheque que acarrea el descargo del instrumento, es la prescripción del cheque de viajero o turístico, que se configura, frente al (banco) librador, por la no presentación del título dentro de los diez (10) años siguientes a su emisión (momento a partir del cual se encuentra disponible la provisión), y, frente al corresponsal que lo ponga en circulación, por su no presentación dentro de los cinco (5) años siguientes a la emisión. (Arts. 746 y 751, C. Co.).

3) *La prescripción de la acción cambiaria directa en los títulos valores de contenido crediticio distintos del cheque.* Se configura, simplemente, cuando el tenedor del instrumento deja transcurrir tres (3) años, contados a partir del día del vencimiento (artículo 789, C. Co.).

En tratándose de bonos, las acciones para el cobro de intereses y capital prescriben en cuatro (4) años contados desde la fecha de su exigibilidad (Dec. 2555/2010, artículo 6.4.1.1.39).

4) *La prescripción de la acción cambiaria de regreso contra el girador de la letra no aceptada por el girado* (cuando el girador es persona distinta del girado y no ha mediado la aceptación de éste, evento en el cual no existe acción cambiaria directa). Se produce en los términos de los artículos 790 y 791 del C. Co., esto es: para el último tenedor, *"en un año contado desde la fecha del protesto o, si el título fuere sin protesto, desde la fecha del vencimiento; y, en su caso, desde que concluyan los plazos de presentación"* (artículo 790); y para el obligado de regreso contra los demás obligados anteriores, *"en seis meses, contados a partir de la fecha del pago voluntario o de la fecha en que se le notifique la demanda"* (artículo 791).

Para los efectos previstos en el tercer inciso del artículo 882 del C. Co., las formas de caducidad o prescripción antes enunciadas son prácticamente las únicas que dan lugar al descargo del instrumento y a la consiguiente extinción de la obligación fundamental, y que legitiman al acreedor para dirigirse contra quien haya resultado enriquecido a causa de la caducidad o de la prescripción.

No produce el descargo del título la caducidad de la acción cambiaria de regreso contra los endosantes y sus avalistas en el cheque (que se configura por la simple falta de presentación o protesto oportunos), la cual, no obstante ocurrida, deja subsistente la acción cambiaria de regreso contra el librador y sus avalistas (siempre que durante todo el plazo de presentación el librador no hubiere tenido fondos suficientes en poder del librado, pues de tenerlos y no habiendo el tenedor presentado el cheque operaría también la caducidad de la acción contra dichos librador y avalista, dando lugar a la posibilidad de ejercer la ***actio in rem verso*** cambiario de que se viene hablando).

Tampoco conlleva el descargo del título la caducidad o prescripción de la acción cambiaria de regreso en los demás instrumentos negociables, que dejan subsistente la acción cambiaria directa.

Ahora bien, acontecida la caducidad de la acción cambiaria de regreso contra el librador del cheque y sus avalistas, o prescrita la acción cambiaria de regreso en tal tipo de instrumentos negociables, fluye para el tenedor la acción de enriquecimiento cambiario. Del mismo modo, ocurrida la caducidad de la acción cambiaria de regreso en un instrumento negociable distinto del cheque, se extingue asimismo la acción causal contra el obligado de regreso correspondiente, pero le queda al tenedor la acción cambiaria directa, prescrita la cual emerge en su favor la acción de enriquecimiento cambiario.

[11] **Pretensión del mayor o menor valor que se establezca en el proceso.** Esta

fórmula del mayor o menor valor que se establezca en el proceso, es recomendable en todo tipo de pretensiones económicas y se ajusta al principio de la *congruencia*, con fundamento en el cual la Corte Suprema de Justicia tiene establecido que **solo puede concederse el límite, suma o cantidad máxima contenida en la pretensión**, salvo que se utilicen expresiones como *"o la que se pruebe"*, o *"la que resultare probada"*, o *"la que se probare en el proceso"* o cualquiera otra de similar contenido. En este sentido la sentencia de 15 de abril de 2009, de la Sala de Casación Civil (M. P. César Julio Valencia Copete), publicada en: *Jurisprudencia y Doctrina*, t. XXXVII, N° 451, Legis, Bogotá, D. C., jul. de 2009, pp. 1025 a 1027, donde se pone de presente que las aludidas expresiones modifican la cifra expresada en la pretensión *"de tal manera que amplían el espectro dentro del cual el juzgador válidamente puede o debe moverse, hacia arriba o hacia abajo de esa cuantificación, sin caer, desde luego, en una resolución **infra petita** o **plus petita**, pues en tal supuesto está limitado, eso sí, solo por el importe probado a través de los diversos elementos de convicción incorporados al plenario"*. En la misma providencia se pone de presente que *"la disyuntiva 'o', utilizada en casi todos los asuntos en que se hace uso de algunas de aquellas expresiones, implica una alternativa con el firme propósito de que el juez, a la hora que le corresponda, pueda optar por una posibilidad o por la otra, según como se lo permita el caso específico"*.

[12] **Pretensión sobre el monto del enriquecimiento y del empobrecimiento correlativo.** La pretensión en estos términos se ciñe a lo indicado en SC de 6 de diciembre de 1993, según la cual

> *"Acaecido el enriquecimiento sin causa, nace en favor de la persona empobrecida una acción restitutoria que en cuanto al monto de sus posibles resultados, tiene dos límites que es imposible rebasar pues representan aplicación concreta de los postulados que están en la base misma de dicha acción. En efecto, dado que su función es en síntesis la de restablecer la integridad de un patrimonio con referencia a otro patrimonio, la acción 'in rem verso' en ninguna de sus modalidades puede convertirse en fuente de provecho injustificado para el actor ni tampoco en motivo legítimo de pérdida para el demandado, y es por eso que se dice que aquél monto no puede exceder el enriquecimiento ni superar el empobrecimiento, luego si no llegaren a coincidir ambos extremos en un caso determinado, el límite del reembolso vendrá impuesto por el menor de esos valores (...)"* (M. P. Carlos Esteban Jaramillo Scholss). (Publicada en: Jurisprudencia y Doctrina, t. XXIII, núm. 266, Legis, feb. de 1994, p. 149).

[13] **Pretensión sobre corrección monetaria e intereses remuneratorios.** Esta pretensión se fundamenta en la SC de 18 de septiembre de 1995, en la cual se indicó:

> *"Esta acción, que como lo expresó la misma doctrina líneas adelante, busca resarcir el daño experimentado 'procediendo contra el librador, el aceptante o el emisor en aquellos eventos en que demuestre el acreedor que por efecto de la prescripción o el perjuicio del instrumento derivado de la caducidad, ellos obtuvieron un provecho indebido (..) (Cas. Civ. 6 de diciembre 1993, aun sin publicar), difiere por ende del mero cobro cambiario que regula el estatuto comercial y no puede equipararse el resultado que puede obtenerse*

mediante el ejercicio de una y otra acción, por cuanto la primera de ellas apenas comprende el valor del enriquecimiento ocurrido, fijado en términos monetarios actuales si de sumas de dinero se trata. O por mejor decirlo, por obra de la acción de enriquecimiento que prospera ha de prestarse, en estricto rigor, indemnización del enriquecimiento en realidad producido y no indemnización de daños, de forma tal que la obtención de ese valor en que consiste la acción en examen, pueda conseguirse efectivamente a salvo de la disminución del valor de la moneda, todavía con mayor razón cuando, como en la especie de estos autos acontece, ese objeto recibido en un comienzo por el deudor demandado, son sumas de dinero reajustables sobre las cuales la institución financiera demandante tiene derecho a percibir intereses a una determinada tasa que, por lo demás, fue pactada en los contratos de mutuo celebrados.

En el entorno del Art. 882 del Código de Comercio, salta a la vista que la pretensión de enriquecimiento injustificado allí tipificada, sirve para volver a equilibrar, mediante la adecuada compensación, desplazamientos patrimoniales consumados debido a las exigencias de un derecho formal pero que a la postre, sin necesidad apreciable, terminan por contrariar dictados elementales de justicia material, de suerte que con la restitución así organizada, el ordenamiento positivo se ocupa de sanar las heridas que él mismo se ha visto precisado a producir con miras a facilitar la actividad mercantil en la que juegan papel de primera línea los títulos valores; el eje cardinal de la doctrina en que se funda la acción de enriquecimiento cambiario, cual ocurre con todas las de su género, está en el tránsito sin causa y de un patrimonio a otro, de un valor que en cuanto tal ha de ser restituido, de donde se sigue, por obvia inferencia lógica que el demandante, por esta vía, no puede obtener el pago de intereses moratorios y demás gastos que el legislador permite cobrar a quien ejercita la acción cambiaria (Art. 782 del C. de Co.), pero sí puede solicitar una total restitución que incluye los intereses en cuanto representan, según quedó visto, el justo precio que por el uso de las sumas en cuestión convinieron en aceptar las partes" (folios 22 y 23 de la sentencia, M. P. Carlos Esteban JARAMILLO SCHOLSS).

[14] **Límite de los intereses.** El artículo 884 del Código de Comercio, modificado por el artículo 111 de la Ley 510 de 1999, establece que en los negocios mercantiles en que haya de pagarse réditos de un capital, el interés remuneratorio, si no hubiere sido convenido, será el bancario corriente; y el moratorio, si las partes no lo hubieren estipulado, será el equivalente a una y media veces el bancario corriente. Y advierte: *"en cuanto* [el interés] *sobrepase cualquiera de estos montos el acreedor perderá todos los intereses, sin perjuicio de los dispuesto en el artículo 72 de la Ley 45 de 1990".*

A su turno el artículo 72 de la Ley 45 de 1990 reza:

*"**Sanción por el cobro de intereses en exceso.** Cuando se cobren intereses que sobrepasen los límites fijados en la ley o por la autoridad monetaria, el acreedor perderá todos los intereses cobrados en exceso, remuneratorios, moratorios o ambos, según se trate, aumentados en un monto igual. En tales casos el deudor podrá solicitar la inmediata devolución de las sumas que*

haya cancelado por concepto de los respectivos intereses, más una suma igual al exceso, a título de sanción.

Parágrafo.- *Sin perjuicio de las sanciones administrativas a que haya lugar, cuando se trate de entidades vigiladas por la Superintendencia Bancaria* [hoy Superintendencia Financiera de Colombia], *ésta velará porque las mismas cumplan con la obligación de entregar las sumas que de conformidad con el presente artículo deban devolverse".*

En adición a lo anterior, el artículo 305 del Código Penal, incluidas las penas aumentadas por el artículo 14 la Ley 890 de 2004, dispone:

"Usura. *El que reciba o cobre, directa o indirectamente, a cambio de préstamo de dinero o por concepto de venta de bienes o servicios a plazo, utilidad o ventaja que exceda en la mitad del interés bancario corriente que para el período correspondiente estén cobrando los bancos, según certificación de la Superintendencia Bancaria* [hoy Superintendencia Financiera de Colombia], *cualquiera sea la forma utilizada para hacer constar la operación, ocultarla o disimularla, incurrirá en prisión de treinta y dos (32) a noventa (90) meses y multa de sesenta y seis punto sesenta y seis (66.66) a trescientos (300) salarios mínimos legales mensuales vigentes.*

El que compre cheque, sueldo, salario o prestación social en los términos y condiciones previstos en este artículo, incurrirá en prisión de cuarenta y ocho (48) a ciento veintiséis (126) meses y multa de ciento treinta y tres punto treinta y tres (133.33) a seiscientos (600) salarios mínimos legales mensuales vigentes.

Inciso adicionado por el artículo 34 de la Ley 1142 de 2007: *Cuando la utilidad o ventaja triplique el interés bancario corriente que para el período correspondiente estén cobrando los bancos, según certificación de la Superintendencia Financiera o quien haga sus veces, la pena se aumentará de la mitad a las tres cuartas partes".*

[15] **Linderos de inmuebles en demandas que versen sobre esta clase de bienes.** Cabe anotar que, de conformidad con el inciso 1º del artículo 83 del Código General del Proceso, *"(en) Las demandas que versen sobre bienes inmuebles (...) No se exigirá la transcripción de linderos cuando éstos se encuentren contenidos en alguno de los documentos anexos a la demanda".*

[16] **Plazos de presentación del cheque.** Acerca de la presentación, en tiempo y para su pago, de los cheques, el artículo 718 del C. Co. fija plazos de quince días, uno, tres y cuatro meses, según se trate, en su orden, de cheques pagaderos en el mismo lugar de su expedición (15 días), o en el mismo país de su expedición pero en un lugar distinto al de ésta (1 mes), o en un país (latinoamericano) distinto al país latinoamericano en que fuere expedido (3 meses), o fuera de América Latina pero expedido en algún país latinoamericano (4 meses). Otro plazo de presentación del cheque se encuentra consignado en la SC de 22 de septiembre de 1978, en la cual la CSJ, en lo tocante a los cheques posfechados, señaló:

"(...) en caso de cheques posdatados, su tenedor puede presentarlos oportunamente para el pago, en virtud de lo dispuesto en la parte final del artículo 717, **en cualquier momento anterior a la fecha estampada en él o, según lo que prescribe el artículo 718-1°, dentro de los 15 días siguientes a su fecha.** *En todo caso, la acción cambiaria no puede caducar frente al endosante sino cuando la falta de presentación o el protesto oportunos, es decir, cuando el cheque posdatado, en el caso contemplado por el artículo 718-1°, se presentó para su pago después de vencidos los quince días siguientes a la fecha que él ostenta. Si precisamente al que se fecha con señalamiento de día posterior al de su creación y de su entrega, se le da el nombre de cheque posdatado, es palmario que no puede afirmarse, como lo sostuvo el Tribunal, que en esta especie de títulos-valores su fecha es la del día de la presentación para el pago, cuando ésta se realiza antes de la que indica la posdata. El inciso final del artículo 621 ibídem solo permite tener como fecha del título valor la del día de su entrega, cuando en él no se menciona la suya"* (Resaltado fuera de texto) (Sala de Casación Civil, M. P. Germán GIRALDO ZULUAGA, G. J. *t.* CLVIII, p. 225).

Aunque en la doctrina antes transcrita la Corte sólo registra el evento del cheque posdatado pagadero en el mismo lugar de su expedición, el criterio en ella consignado es igualmente válido para todo cheque posfechado pagadero fuera del lugar de su expedición. Esto por cuanto –es de suponer–, si la Corte hubiera tratado, por ejemplo, el caso del cheque posdatado pagadero dentro del mismo país pero en un lugar distinto al de su expedición, seguramente habría dicho que en este evento el cheque sería pagadero desde cualquier momento anterior al de la fecha en él estampada, vale decir desde la fecha de su creación hasta el mes subsiguiente a su fecha.

En la misma doctrina la Corte se refiere también, aunque de modo tangencial, a la *fecha de creación del título*, y al efecto memora que, conforme al inciso final del artículo 621, la fecha de creación del título es la mencionada en el texto de éste y, en su defecto, la del día de su entrega.

En la anterior forma y de acuerdo con el citado criterio, hay lugar a distinguir entre la *fecha de creación del título* (que puede ser anterior a la fecha del título mismo) y *la fecha del título* (la consignada en éste y que puede ser posterior a la fecha de su creación).

A la *fecha del título* se refiere el artículo 718 en sus cuatro numerales, atinentes a la fijación de los plazos de presentación del cheque. El numeral 1° dispone que los cheques deberán presentarse para su pago *"Dentro de los quince días a partir de su fecha* (no a la **fecha de su creación**) *si fueren pagaderos en el mismo lugar de su expedición"*. Del mismo modo, aun cuando de manera implícita, la fecha del título a la cual alude el numeral 1° es tomada como factor de referencia o punto de partida para determinar los plazos de presentación de que tratan los numerales subsiguientes de la precitada norma, los cuales deben leerse como sigue:

"2° Dentro de un mes -a partir de su fecha-, *si fueren pagaderos en el mismo país de su expedición, pero en lugar distinto al de ésta;*

"3° Dentro de tres meses -a partir de su fecha-, *si fueren expedidos en un*

país latinoamericano y pagaderos en algún otro país de América Latina", y

"4° Dentro de cuatro meses -a partir de su fecha-, *si fueren expedidos en algún país latinoamericano para ser pagados fuera de América Latina".*

De otro lado, el hecho de que el cheque posfechado pueda ser presentado desde su creación hasta los quince días siguientes a la fecha en él estampada en él hasta los quince (lo que implica un plazo mayor de presentación que el establecido para los cheques con antedata o con la misma fecha del día de su creación), entraña una especie de compensación a favor del tenedor por la no tipificación penal de tal clase de cheques para cuando sean impagados por insuficiencia de fondos o por orden injustificada de no pago, según lo dispone el artículo 248 del Código Penal, cuyo inciso 3° señala: *"La emisión o transferencia del cheque* (sin suficiente provisión de fondos, o que luego de emitido se dé orden injustificada de no pago) *posdatado (...) no da lugar a acción penal".*

Es de observar también que la norma del artículo 718 del C. Co. ha sido repudiada por haber sido trasladada del Proyecto Intal sin haberse tenido el cuidado de precisar el sentido y alcance de la expresión *"país latinoamericano"* allí empleada. La Real Academia Española le da una connotación **histórica** (la admite como relativa a los países de América que fueron colonizados por naciones latinas, esto es, por España, Portugal o Francia). Hay quienes le asignan una connotación **lingüística** (la relacionan con los países cuyo idioma oficial es originario del latín, es decir, el español, el portugués, el italiano y el rumano). Otra tendencia es de índole **geográfico** (con base en la cual se estima que países latinoamericanos son los que se encuentran ubicados en Centro y Suramérica). La aludida norma suele ser también repudiada por haber pretendido regular relaciones jurídicas concernientes a países de *"fuera de América Latina"* y aun *"latinoamericanos"* no inscritos en el Proyecto Intal.

En todo caso, en lo que atañe al ordenamiento jurídico colombiano, sólo importa tener en cuenta los **cheques pagaderos dentro del territorio naciona**l, sea que se expidan en el mismo lugar de su pago, o en un lugar distinto pero dentro del mismo país, o en otro país latinoamericano distinto a Colombia.

---

[17] En este caso se produciría la caducidad de la acción cambiaria contra el librador y sus avalistas, de la cual trata el inciso primero del artículo 729 del Código de Comercio (*"La acción cambiaria contra el librador y sus avalistas caduca por no haber sido presentado y protestado el cheque en tiempo, si durante todo el plazo de presentación el librador tuvo fondos suficientes en poder del librado y, por causa no imputable al librador, el cheque dejó de pagarse"*).

A *contario sensu*, causa de no pago imputable al librador podría ser la orden de no pago, la firma no registrada, la firma no concordante con la registrada, la falta de una o más firmas cuando se trata de una cuenta corriente bancaria manejada con firmas conjuntas, la falta de sello antefirma registrado, la falta de protector registrado, el cheque enmendado, la falta de cantidad(es) en letras o números, o el instrumento aparentemente falsificado.

[18] **No presentación del cheque en tiempo aunada a la inexistencia de fondos**

suficientes para su pago en poder del banco librado durante todo el plazo de presentación, o a la configuración, en dicho término, de una causa de no pago imputable al librador. No opera aquí la caducidad de la acción cambiaria contra el librador y sus avalistas de que trata el inciso 1° del artículo 729 del C. Co., por no concurrir el supuesto de no presentación y protesto en tiempo del cheque y fondos suficientes para su pago en poder del librado durante todo el plazo de presentación, con el de inexistencia, en dicho lapso, de una causa de no pago imputable al librador.

Sobre la posibilidad de que el cheque no sea presentado en tiempo y que no existan fondos suficientes para su pago en poder del banco librado durante todo el plazo de presentación, o que, aun existiendo fondos suficientes para su pago, se dé en ese intervalo de tiempo una causa de no pago imputable al librador, impidiéndose así la caducidad de la acción cambiaria contra el librador y sus avalistas, versa el siguiente aparte de la SC de 22 de septiembre de 1978 de la CSJ:

> *"Diferente es la situación cuando la demanda ejecutiva se dirige contra el librador o sus avalistas, pues en tal evento, para que se produzca la caducidad de la acción cambiaria, no basta que hayan pasado los términos que, para la presentación y protesto del cheque, señala el artículo 718 citado, sino que es menester que durante todo ese lapso el librador haya tenido en el banco fondos suficientes para el pago y que éste haya dejado de hacerse por causa no imputable al librador"* (Sala de Casación Civil, M. P. Germán GIRALDO ZULUAGA, G. J. t. CLVIII, p. 225).

De la lectura e interpretación armónica de los artículos 729, 730 y 790 del Código de Comercio, se colige que:

1) Conforme al inciso primero del artículo 729, *"La acción cambiaria contra el librador y sus avalistas caduca por no haber sido presentado y protestado el cheque en tiempo, si durante todo el plazo de presentación el librador tuvo fondos suficientes en poder del librado y, por causa no imputable al librador, el cheque dejó de pagarse"*, evento en el cual cesa para el librador la obligación de mantener fondos suficientes y disponibles para el pago del cheque en poder del banco librado. En este caso la *actio in rem verso* prescribe al año siguiente a la fecha, no del cheque ni de la presentación (por no darse ésta), sino desde la conclusión del plazo de presentación.

2) De acuerdo con los artículos 729, 730 y 790 del Código de Comercio, las acciones cambiarias (de regreso) derivadas del cheque (título valor en el cual no existen obligados directos y por ende tampoco existe acción cambiaria directa) prescriben así:

i) Las del último tenedor, en seis meses, contados desde la presentación, o desde que concluya el plazo de presentación, siempre que el librador **no** hubiere mantenido, durante todo ese plazo, fondos suficientes para el pago del cheque en poder del librado, o que aun habiéndolos mantenido hubiere pendido una causa de no pago del cheque imputable al librador, v gr. la orden de no pago, la firma no registrada, la firma no concordante con la registrada, la falta de una o más firmas por tratarse de una cuenta corriente bancaria para operar con firmas conjuntas, la falta de sello antefirma registrado, la falta de protector registrado, el cheque enmendado, la falta de cantidad(es) en letras o números, o el instrumento aparentemente falsificado. En caso de existir dichos fondos durante todo el plazo de presentación y de no darse durante el mismo una causa de no pago imputable al librador, la acción se extingue, no por prescripción, sino por caducidad, de la cual trata el inciso primero del artículo 729, y

ii) Las de los endosantes y avalistas, en el mismo término de seis meses, contado desde el día siguiente a aquél en que paguen el cheque.

La antedicha solución resulta acorde con la consignada en el artículo 721 para cuando **el cheque no es presentado en tiempo**, evento en el cual *"el librado deberá pagarlo si tiene fondos suficientes del librador o hacer la oferta de pago parcial, siempre que se presente dentro de los seis meses que sigan a su fecha".* Se insiste, eso sí, que por disposición expresa del artículo 729, si el cheque no es presentado (y protestado) en tiempo y además ocurre que durante todo el plazo de presentación el librador mantiene fondos suficientes en poder del librado y por causa no imputable al librador el cheque deja de pagarse, **opera la caducidad de la acción cambiaria contra el librador y sus avalistas**, lo que se traduce, se repite, en la cesación para el librador de la obligación de mantener fondos suficientes y disponibles para el pago del cheque en poder del banco librado.

Conviene observar que la caducidad de la acción cambiaria contra el librador y sus avalistas, ocurrida en los términos antes citados (de que trata el inciso primero del artículo 729), no conlleva para el tenedor la extinción del derecho de accionar contra el librador, ya que el propio Código de Comercio consagra, en su artículo 721, una *acción cambiaria* (pues no procede sin el título) *especial,* **sui generis***,* contra el librador y que consiste en que de todas formas el banco debe pagar el cheque *"si tiene fondos suficientes del librador o hacer la oferta de pago parcial, siempre que se presente dentro de los seis meses que sigan a su fecha".*

En la anterior forma, el artículo 721 citado constituye un remedio para la pérdida que sufre el tenedor del cheque no presentado en tiempo pese a existir fondos suficientes para su pago en poder del banco librado y no darse, durante el plazo de presentación, una causa de no pago imputable al librador. Con dicho remedio se evita el tenedor el engorroso proceso de la *actio in rem verso cambiario* de que trata el artículo 882 cuando opera la caducidad de la acción cambiaria contra el librador y sus avalistas.

De todas maneras, si el cheque no solo no es presentado en tiempo pese a existir fondos suficientes en poder del banco librado durante todo el plazo de presentación y no darse durante dicho lapso una causa de no pago imputable al librador, sino que tampoco es presentado para su pago dentro de los seis meses siguientes a su fecha, u ocurre que durante esos seis meses siguientes a su fecha es presentado mas no pagado por inexistencia de fondos (los cuales no está obligado a mantener el librador en poder del librado cuando ha operado la caducidad de la acción cambiaria de que trata el inciso primero del artículo 729), o porque a pesar de existir fondos suficientes durante esos seis meses siguientes a su fecha media una orden de no pago impartida por el librador (quien en tal caso estaría actuando con fundamento en el advenimiento de la caducidad de la acción cambiaria mencionada), le quedaría al tenedor la posibilidad de ejercitar la *actio in rem verso*, que prescribiría en un año, contado desde la conclusión del plazo de presentación.

Hay que acotar que si la demanda en la cual se ejercita la *actio in rem verso* es presentada después de los doce (12) meses siguientes a la fecha de conclusión del plazo de presentación del cheque, y bajo la consideración de haber operado la prescripción de la acción cambiaria contra el librador y sus avalistas por no haberse presentado el cheque en tiempo, aunada a la circunstancia de no haber existido fondos suficientes para su pago en poder del librado durante todo el plazo de presentación, o bajo la consideración de haberse dado en dicho lapso una causa de no pago imputable al librador, es aconsejable probar en el primer caso (con una certificación expedida por el banco librado, podría ser), que el librador **no** tuvo fondos suficientes en poder del librado y para el pago del cheque durante todo el plazo de presentación, o, en el segundo caso, que del examen del cheque o de la información que reposa en los archivos del banco librado, se colige la existencia de una causa de no pago imputable al librador, como, por ejemplo, la orden de no pago, la firma no registrada, la firma no concordante con la registrada, la falta de una o más firmas por tratarse de una cuenta corriente bancaria que opera con firmas conjuntas, la falta de sello antefirma registrado, la falta de protector registrado, el cheque enmendado, la falta de cantidad(es en letras o números, o el instrumento aparentemente falsificado.

Lo anterior, habida cuenta que, si el demandado -librador del cheque- se encuentra en condiciones de probar lo contrario (que mantuvo fondos suficientes y disponibles en poder del librado para el pago del cheque durante todo el plazo de presentación y que no se dio en ese lapso ninguna causa de no pago a él imputable), se estaría frente a un caso de extinción de la acción cambiaría, no por la *prescripción* de que tratan los artículos 730 y 790 (que, según se indicó, opera en seis meses contados desde la conclusión del plazo de presentación), sino por la *caducidad* a que se refiere el inciso primero del artículo 729 varias veces mencionado.   En tal caso, podría el demandado proponer la excepción de prescripción extintiva de la *actio in rem verso cambiario*, por tratarse de una demanda presentada después del año siguiente al vencimiento del plazo para la presentación oportuna del cheque, vale decir, por tratarse de una demanda presentada después del año siguiente a la consumación de la caducidad de la acción cambiaria en los términos del inciso primero del artículo 729 del Código de Comercio.

Un ejemplo ilustra de mejor manera lo antes expuesto: **A** libra y entrega a **B** un cheque pagadero en el mismo lugar de su expedición el 2 de enero de 2008, lo que significa que el cheque habría de ser presentado *"Dentro de los quince días a partir de su fecha"* (numeral 1° del artículo 718 del Código de Comercio), es decir hasta el 23 de enero de 2008 (esto asumiendo que solo fueron hábiles bancarios los días 3, 4, 8, 9, 10, 11, 14, 15, 16, 17, 18, 21, 22, 23 y 24 de enero de 2008 e inhábiles los días 5 -sábado-, 6 -domingo-, 7 –lunes festivo-, 12 -sábado-, 13 -domingo-, 19 -sábado- y 20 -domingo- del mismo mes y año, y teniendo en cuenta que al tenor del parágrafo 1° del artículo 829 del Código de Comercio, *"Los plazos de días señalados en la ley se entenderán hábiles"*). Supóngase que el cheque no fue presentado en tiempo y que no obstante durante todo el plazo de presentación no existieron fondos suficientes para su pago en poder del banco librado, o que a pesar de no haber sido presentado en tiempo en ese interregno pendió una causal de no pago imputable al librador. En cualquiera de los dos casos la acción cambiaria del tenedor **B** habría prescrito *"en seis meses"*, contados desde cuando concluyó el plazo de presentación (artículo 730 en concordancia con el artículo 790, enunciado final), es decir, la acción cambiaria habría prescrito el 23 de julio de 2008, fecha en que se habrían consumado los seis (6) meses siguientes al 23 de enero de 2008, día del vencimiento del plazo de presentación, y por ende el año para el ejercicio de la acción de enriquecimiento cambiario del tenedor **B** habría prescrito el 23 julio de 2009.

Empero, en el evento en que **B** ejercitare la acción de enriquecimiento cambiario entre el 24 de enero de 2009 y el 23 de julio de 2009, esto es, después de los doce (12) meses siguientes a la fecha de conclusión del plazo de presentación del cheque, a efectos de enervar la posible *caducidad* de la acción cambiaría de que trata el inciso primero del artículo 729 (caducidad que opera cuando existen fondos suficientes y disponibles en poder del librado para el pago del cheque durante todo el plazo de presentación y no se da en ese lapso una causa de no pago a él imputable), y de evitar la configuración de la prescripción de la *actio in rem verso* cambiario al año subsiguiente al vencimiento del plazo para la presentación oportuna, es decir, al 23 de enero de 2009, sería aconsejable que dicho demandante **B**, de manera adicional a las demás pruebas pertinentes, útiles y conducentes, acreditare (con una certificación expedida por el banco librado, podría ser) que el librador **no** tuvo fondos suficientes en poder del librado y para el pago del cheque durante todo el plazo de presentación del cheque, o que en ese lapso de presentación pendió una causa de no pago imputable al librador (valga reiterar aquí el ejemplo de la orden de no pago, la firma no registrada, la firma no concordante con la registrada, la falta de una o más firmas por tratarse de una cuenta corriente bancaria que opera con firmas conjuntas, la falta de sello antefirma registrado, la falta de protector registrado, el cheque enmendado, la falta de cantidad(es) en letras o números, o el instrumento aparentemente falsificado).

[19] **Prueba del enriquecimiento y del empobrecimiento correlativo.** Es conveniente narrar y demostrar que el demandado obtuvo un enriquecimiento por un monto específico a expensas del demandante, ya que la Corte Suprema de Justicia tiene dicho que en esta materia (de la *actio in rem verso*) el monto del enriquecimiento y del empobrecimiento correlativo *"no puede tenerse por probado a cabalidad apelando exclusivamente a la literalidad del título y de las declaraciones en él incorporadas".* (Casación Civil de 6 de diciembre de 1993, ya citada, Op. Cit., p. 150).

En el mismo sentido la sentencia de Casación Civil de 30 de julio de 2001, en la cual, citando a Mario Alberto Bofanti y José Alberto Garrone (*De los títulos de Crédito*. Buenos Aires, Abeledo-Perrot, 1982, p. 718) dijo la Corte *"Sobre este particular ha precisado la doctrina, que la 'acción de enriquecimiento -cambiario- tiene por causa petendi el injusto enriquecimiento del demandado en daño del actor y, en consecuencia, por condiciones o presupuestos la pérdida de la acción cambiaria y la falta de una acción causal y por petitum la suma por la cual el demandado se haya injustamente empobrecido'. De allí que el objeto de la misma 'no es tanto la suma de la letra cuanto el monto del enriquecimiento que podrá, o no, coincidir con el perjuicio'".*

139

Y, en sentencia menos reciente (la número 138 de 3 de abril de 1990) la misma Corte precisó *"Ahora bien, en la demostración de los elementos de esta* **actio in rem verso** *cambiaria relativos al enriquecimiento y un empobrecimiento correlativo, originado injustamente en la caducidad o prescripción de las acciones cambiarias y causales pertinentes se advierte que no existe restricción alguna en el empleo y valoración de los medios de convicción, pudiéndose acudir entonces a cualquiera de ellas, incluyendo la prueba indiciaria, particularmente cuando ella se requiere para establecer la realidad de los pasos que intervienen muchas veces en las negociaciones consensuales mercantiles, cuando constituyen la relación fundamental por la que se ha entregado como pago de títulos valores, que posteriormente se han dejado prescribir o caducar, para permitir entonces la acción en contra de quien se ha enriquecido injustamente en tal negociación compleja a consecuencia de dicha caducidad o prescripción"* (M. P. Pedro LAFONT PIANETTA, G. J. N° C. C., pp. 147 y 148).

A efectos de demostrar el monto del enriquecimiento y del empobrecimiento correlativo, con sujeción a los parámetros de la jurisprudencia existente sobre la materia, es preciso probar la *relación causal o negocio jurídico fundamental. "(…) en asuntos de esta naturaleza, donde la prueba es de suyo exigente, tampoco se puede presumir la existencia y el contenido de la relación causal o subyacente que ha originado la creación o transferencia del instrumento de contenido crediticio - art. 882 C. de Co., pues ella debe ser objeto de cabal demostración (…)"* (sentencia de 6 de abril de 2005, M. P. César Julio VALENCIA COPETE). También es preciso demostrar el monto del beneficio recibido por el demandado que no puede ser superior al del perjuicio sufrido por el demandante. De modo que si la relación causal o negocio jurídico fundamental hubiere consistido en un contrato de mutuo, habrá de demostrarse el monto del dinero mutuado y el saldo pendiente de reembolsar por parte del mutuario; si se tratare de una compraventa de mercancías, sería menester acreditar el saldo pendiente de pagar por parte del comprador; si de un contrato de arrendamiento de un bien, el valor de la renta dejada de cancelar por el arrendatario; y si de un contrato de prestación de servicios profesionales, el monto del saldo adeudado por el beneficiario de los servicios. En ninguno de los citados casos sería viable dirigir la acción contra los codeudores, quienes no fueren los reales beneficiarios de los bienes o servicios recibidos, por cuanto no serían los enriquecidos con el empobrecimiento correlativo del demandante

[20] **Recomendación de allegar como prueba la copia auténtica de la escritura pública de venta del inmueble incluida la nota de inscripción en la Oficina de Registro de Instrumentos Públicos correspondiente.** Para no correr el riesgo de que el operador judicial estime que no quedó acreditada la tradición como obligación a cargo del vendedor demandante, es conveniente allegar como prueba la copia auténtica de la escritura pública de venta del inmueble, incluida la nota de inscripción en la Oficina de Registro de Instrumentos Públicos correspondiente, prueba que bien puede obtenerse solicitando se oficie a la Oficina de Registro a efectos de que expida con destino al proceso la copia auténtica de la escritura con

la constancia de inscripción, o bien, antes de la presentación de la demanda, obtener en la Notaría en que fue otorgada una copia auténtica de la escritura pública y presentarla ante la Oficina de Registro a efectos de que reproduzca la nota de inscripción en la copia auténtica de la misma.

[21] **Prueba documental insubstituible.** Es necesario allegar al proceso el original del título valor de contenido crediticio descargado por caducidad, o prescripción, de la acción cambiaria, ya que es el único medio idóneo para acreditar que se trata en realidad de un título valor (cuya prueba es el título mismo) y que éste no fue descargado por pago, dado que, de haberlo sido, lo natural sería que no estuviere en poder del tenedor-demandante.

[22] **Determinación de la cuantía por el valor de las pretensiones.** A partir de la entrada en vigencia del Código General del Proceso, la cuantía se determina *"Por el valor de todas las pretensiones al tiempo de la demanda, sin tomar en cuenta los frutos, intereses, multas o perjuicios reclamados como accesorios que se causen con posterioridad a su presentación"*. (Numeral 1 del artículo 26 ibídem).

[23] **Supresión del requisito de aportación de copias y otros.** El artículo 6 del Decreto Legislativo 806 de 2020 (*Por el cual se adoptan medidas para implementar las tecnologías de la información y las comunicaciones en las actuaciones judiciales, agilizar los procesos judiciales y flexibilizar la atención a los usuarios del servicio de justicia, en el marco del Estado de Emergencia Económica, Social y Ecológica*), publicado en el Diario Oficial N° 51.335 de 4 de junio de 2020, el cual *"rige a partir de su publicación y estará vigente durante los dos (2) años siguientes a partir de su expedición"* (artículo 16 ibídem), establece, en lo pertinente:

"(...) Las demandas se presentarán en forma de mensaje de datos, lo mismo que todos sus anexos, a las direcciones de correo electrónico que el Consejo Superior de la Judicatura disponga para efectos del reparto, cuando haya lugar a este.

De las demandas y sus anexos no será necesario acompañar copias físicas, ni electrónicas para el archivo del juzgado, ni para el traslado.

En cualquier jurisdicción, incluido el proceso arbitral y las autoridades administrativas que ejerzan funciones jurisdiccionales, salvo cuando se soliciten medidas cautelares previas o se desconozca el lugar donde recibirá notificaciones el demandado, el demandante, al presentar la demanda, simultáneamente deberá enviar por medio electrónico copia de ella y de sus anexos a los demandados. Del mismo modo deberá proceder el demandante cuando al inadmitirse la demanda presente el escrito de subsanación. El secretario o el funcionario que haga sus veces velará por el cumplimiento de este deber, sin cuya acreditación la autoridad judicial inadmitirá la demanda. De no conocerse el canal digital de la parte demandada, se acreditará con la demanda el envío físico de la misma con sus anexos.

En caso de que el demandante haya remitido copia de la demanda con todos sus anexos al demandado, al admitirse la demanda la notificación personal se limitará al envío del auto admisorio al demandado".

Mediante la Ley 2213 de 2022 se dispuso (artículo 1°) *"adoptar como legislación permanente las normas contenidas en el Decreto 806 de 2020 (...)".*

[24] Téngase en cuenta la nota de pie de página que antecede.

CAPÍTULO III

MODELO DE DEMANDA DE ACCIÓN CAUSAL Y SUBSIDIARIA DE ENRIQUECIMIENTO CAMBIARIO[1]
(Incluye notas explicativas)

Señor:
JUEZ CIVIL (MUNICIPAL[2] o DEL CIRCUITO[3]) (Reparto)
(Nombre de la ciudad o municipio)[4]
E.   S.   D.

Radicación N°:
Ref.: Proceso[5]
Demandante: XX
Demandado: YY

ZZ, mayor de edad, con domicilio y residencia en (ciudad y departamento), abogado en ejercicio, identificado con la cédula de ciudadanía número ..., expedida en (ciudad) y portador de la tarjeta profesional número ...., expedida por el Consejo Superior de la Judicatura, obrando como apoderado judicial de XX, en los términos que a continuación se exponen, presento la siguiente:

DEMANDA DE ACCION CAUSAL (COMO PRETENSION PRINCIPAL), Y DE ENRIQUECIMIENTO CAMBIARIO (COMO PRETENSION SUBSIDIARIA)

I.   DESIGNACION DEL JUEZ A QUIEN SE DIRIGE
El Señor Juez Civil (Municipal, o del Circuito) -reparto- de (ciudad).

II.   DESIGNACION Y DOMICILIO DE LAS PARTES, Y REPRESENTANTES Y APODERADOS DE LAS MISMAS.

A.   PARTE DEMANDANTE[6]

XX, mayor de edad, identificado con la cédula de ciudadanía número … expedida en …, con domicilio y residencia en (ciudad y departamento). (Si se trata de una persona jurídica o un patrimonio autónomo, debe indicarse su número de identificación tributaria, NIT, lo mismo que el nombre y número de identificación de su representante).

El suscrito, ZZ, mayor de edad, con domicilio y residencia en (ciudad y departamento), abogado en ejercicio, identificado como aparece al pie de mi firma, para los efectos aquí previstos obra como apoderado judicial de la parte demandante.

B.   PARTE DEMANDADA[7]

YY, mayor de edad, identificado con la cédula de ciudadanía número … expedida en …, con domicilio y residencia en (ciudad y departamento). (Si se trata de una persona jurídica o un patrimonio autónomo, debe indicarse su número de identificación tributaria, NIT, lo mismo que el nombre y número de identificación de su representante, si se conoce).
Ignoro quién sea su apoderado judicial de carácter general.

III.   PRETENSIONES

Son las siguientes o parecidas declaraciones:

A.   PRINCIPALES

PRIMERA: Que se declare que XX y YY celebraron válidamente el contrato … (describir aquí el contrato que hizo las veces de relación causal originaria o fundamental, también conocido como negocio jurídico fundamental).

SEGUNDA: Que se declare que YY incumplió el contrato citado en la pretensión "PRIMERA", ya que no pagó el precio (o el saldo adeudado, según el caso) convenido en el mismo.

TERCERA: Que se declare que con dicho incumplimiento YY causó daños y perjuicios a XX, los cuales está obligado a indemnizar.

CUARTA: Que en consecuencia se declare la resolución del contrato[8] [9] citado en la declaración "PRIMERA" y se condene a XX a:

1. Restituir a XX el bien objeto de compraventa (en caso de que este fuere el negocio jurídico fundamental) tan pronto como quede ejecutoriada la sentencia.

2. Indemnizar o resarcir, tan pronto como quede ejecutoriada la sentencia, los perjuicios causados a XX por el incumplimiento mencionado, conforme a justa tasación pericial (o la forma que se establezca en el proceso).

3. Restituir a XX, tan pronto como quede ejecutoriada la sentencia, el valor total de los frutos (civiles y naturales) que produjo o hubiera podido producir el bien objeto de venta entre el … (fecha de entrega del mismo a YY) y la fecha en que sea restituido dicho bien a XX, los cuales serán tasados por un perito versado en la materia (o en la forma que se establezca en el proceso), para lo cual se considerará a YY como poseedor de mala fe, como lo prevé el artículo 1932 del Código Civil (en caso de que se trate de la resolución de un contrato de compraventa).

QUINTA: Que se libren sendos oficios al Señor Notario … del Círculo de …, y al Señor Registrador de Instrumentos Públicos de la misma localidad, en los cuales se transcriba la parte pertinente de esta sentencia a fin de que procedan, el primero a la cancelación de la escritura pública (en caso de que el negocio jurídico fundamental versare sobre un inmueble) número … de (día, mes y año), otorgada en la notaría … del Círculo de (ciudad), y el segundo a la cancelación del registro de la aludida escritura y de los registros posteriores.

SEXTA: Que, cumplido lo anterior, se ordene la cancelación de la inscripción de la demanda solicitada como medida cautelar (en caso de que fuere pertinente y se solicitare por el demandante) en el presente proceso, tal como lo dispone el inciso final del literal a) del numeral 1 del artículo 590 del Código General del Proceso.

SEPTIMA: Que se condene a YY al pago de las costas, incluidas las agencias en derecho.

B. SUBSIDIARIAS

PRIMERA: Que se declare que el título valor de contenido crediticio (identificar aquí el instrumento negociable -letra de cambio, cheque, pagaré o cualquiera otro título valor de contenido crediticio-)[10] fue descargado por (caducidad, o prescripción, según el caso)[11] de la acción cambiaria (directa, o de regreso, según el caso)[12] y [13], de XX contra YY, con lo cual se produjo también la extinción de la obligación originaria o fundamental consistente en (describir aquí la obligación pertinente, v. gr. pagar la suma de $ .... correspondiente al saldo adeudado por razón del contrato de compraventa de ... celebrado el ....).

SEGUNDA: Que se declare que YY se enriqueció sin justa causa y a expensas de XX por razón del descargo del instrumento en la forma antes indicada.

TERCERA: Que, en consecuencia, se condene a YY a:

1. Restituir a XX la suma de ... , o el mayor o menor valor que se establezca en el proceso[14], equivalente al monto por el cual se enriqueció YY. *(En este caso -restitución del monto del enriquecimiento-, la suma reclamada no puede exceder el monto del empobrecimiento)*[15].

Otra forma de redactar esta pretensión sería:

1.   Restituir a XX la suma de ... , o el mayor o menor valor que se establezca en el proceso, equivalente al monto por el cual se empobreció XX. *(En este caso -restitución del monto del empobrecimiento-, la suma reclamada no puede exceder el monto del enriquecimiento).*

2.   Pagar los intereses remuneratorios correspondientes, mas el reajuste por corrección monetaria[16] del monto de dinero que deba restituir, sin que la suma de ambos factores (corrección monetaria e intereses) exceda una y media (1.5) veces el interés bancario corriente, conforme lo establecen los artículos 884 del Código de Comercio, 305 del Código Penal y demás disposiciones concordantes[17].

CUARTA: Que se condene a YY al pago de las costas, incluidas las agencias en derecho.

IV.   HECHOS QUE SIRVEN DE FUNDAMENTO DE LAS PRETENSIONES

PRIMERO: Mediante escritura pública número ... de (día, mes y año), otorgada en la Notaría ... del Círculo de (ciudad) XX vendió a YY el inmueble ubicado en ..., distinguido con la matrícula inmobiliaria número ..., cuyos linderos se encuentran contenidos en la escritura pública antes mencionada y anexa a la presente demanda[18].

*(Este hecho hace alusión a la **relación causal** o **negocio jurídico fundamental**, que puede consistir también en un contrato de mutuo, el reembolso del dinero mutuado, la compraventa de mercancías, el arrendamiento de un bien, la prestación de servicios profesionales, etc.).*

SEGUNDO: Dicho inmueble fue pagado así: **(i)** la suma de $ ... el día de la firma de la escritura de compraventa, y **(ii)** el saldo, esto es la suma de $ ..., mediante cheque librado con cargo a la cuenta corriente bancaria número ... abierta a nombre de YY en el Banco ..., Sucursal ...

Otras formas de narración de este hecho podrían ser:

*SEGUNDO: Dicho inmueble fue pagado así: **(i)** la suma de $ ... el día de la firma de la escritura de compraventa, y **(ii)** el saldo, esto es la suma de $ ..., el (día, mes y año), llegado el cual, el comprador YY pagó el citado saldo a XX mediante la entrega del cheque número ...., por valor de $ ...., librado con cargo a la cuenta corriente bancaria número ... abierta a nombre de YY en el Banco ..., Sucursal ..., o*

*SEGUNDO: Dicho inmueble fue pagado así: **(i)** la suma de $ ... el día de la firma de la escritura de compraventa, y **(ii)** el saldo, esto es la suma de $ ..., el (día, mes y año), efecto para el cual el comprador YY otorgó, a la orden del vendedor XX, el pagaré ... (o aceptó y entregó al vendedor XX la letra de cambio ...., girada a la orden de XX), por valor de $ ....*

TERCERO: El cheque citado en el hecho "SEGUNDO" fue presentado en tiempo para su pago[19], empero no fue pagado por causas imputables al librador, o

TERCERO: El cheque citado en el hecho "SEGUNDO" no fue presentado para su pago en tiempo, pese a que durante todo el plazo de presentación el librador mantuvo fondos suficientes para su pago en poder del banco librado y no se produjo, en dicho lapso, una causa de no pago imputable al librador[20], o

TERCERO: El cheque citado en el hecho "SEGUNDO" no fue presentado para su pago en tiempo, pero el librador no mantuvo, durante todo el plazo de presentación, fondos suficientes para su pago en poder del banco librado (o, pese a haber existido fondos

suficientes en poder del banco librado durante todo el plazo de presentación, se produjo, durante el mismo, una causa de no pago imputable al librador –como la carencia absoluta de fondos, fondos insuficientes, orden de no pago, firma no registrada, firma no concordante con la registrada, falta de una o más firmas por tratarse de una cuenta corriente bancaria que opera con firmas conjuntas, falta de sello antefirma registrado, falta de protector registrado, cheque enmendado, falta de cantidad –es– en letras o números, o instrumento aparentemente falsificado–)[21]*, o*

TERCERO: (En el caso del pagaré otorgado por el comprador, o de la letra aceptada por éste). El plazo para el pago del título valor mencionado en el hecho "SEGUNDO" venció el (día mes y año), no obstante lo cual no fue pagado por el comprador XX.

CUARTO: En virtud del rechazo (o no descargo) del instrumento negociable en la forma antes señalada, se produjo la resolución del pago que pretendió realizarse con el mismo, según lo prevé el artículo 882 del Código de Comercio.

QUINTO: Por razón de la resolución del pago en la forma antes indicada, se pretende aquí hacer efectiva la obligación originaria o fundamental, y básicamente materializar las acciones derivadas del incumplimiento del deudor, para lo cual estoy devolviendo, anexo a esta demanda, el título valor mencionado, con el fin de que le sea entregado al demandado, o a quien el Señor Juez determine, siempre que se haga efectiva dicha obligación originaria o fundamental (otra opción distinta a la devolución del título valor, puede ser la de ofrecer caución, a satisfacción del juez, con la cual se garantice la indemnización de los perjuicios que pueda causarle al deudor la no devolución del instrumento).

SEXTO: En caso de que las pretensiones principales del presente libelo fueren denegadas bajo la consideración de haberse producido el descargo del título valor ya mencionado por caducidad o prescripción de la acción cambiaria, se tendría que el demandado YY habría obtenido un enriquecimiento a expensas de XX, quien

habría sufrido un empobrecimiento correlativo, por la suma de $ ...,
que coincide con el saldo que quedó adeudando YY por razón del
negocio jurídico fundamental en virtud del cual fue entregado el
título (o librado el cheque, u otorgado el pagaré, o aceptada la letra
de cambio), enriquecimiento cuyo reembolso se pretende mediante
la presente demanda[22].

SEPTIMO: XX solicitó la realización de la *Audiencia de
Conciliación como requisito de procedibilidad* de que trata la Ley
2220 de 2022 ante el Centro de Conciliación ...., a la cual fue
convocado y citado YY.

OCTAVO: Dicha audiencia de conciliación se llevó a cabo el
(día, mes y año).   No obstante, no fue posible conciliar las
diferencias suscitadas al efecto (a la presente demanda se
acompaña el acta de celebración de la audiencia con la constancia
de **no conciliación**, con lo cual se da cumplimiento a los artículos
7, 29, 65, 67 y 71 y demás disposiciones concordantes de la Ley
2220 de 2022).

V.   PRUEBAS

Solicito que se decreten, practiquen y tengan como pruebas las
siguientes:

A.   DOCUMENTOS

1.   Copia auténtica de la escritura pública citada en el hecho
"PRIMERO" de la demanda, con la cual se demuestra el negocio
jurídico fundamental.

2.   Certificado de tradición del inmueble distinguido con la
matrícula inmobiliaria número ..., con el cual se demuestra la
tradición del mismo por parte del vendedor XX al comprador YY.
(La prueba de la entrega del inmueble se acredita con la escritura

pública de compraventa en la cual consta que el vendedor entregó en forma real y material dicho bien al comprador)[23].

3.   El título valor rechazado o no descargado mediante el pago efectivo del mismo[24].

4.   El escrito contentivo de la solicitud de *Audiencia de Conciliación como requisito de procedibilidad* ante el Centro de Conciliación de ....

5.   La constancia sobre no conciliación expedida por el Centro de Conciliación de ....

Nota: Para los fines pertinentes, manifiesto al Despacho que tanto el índice de precios al consumidor como los intereses reclamados en la presente demanda, son indicadores económicos reputados hechos notorios conforme lo establece el artículo 19 de la ley 794 de 2003, que reformó el 191 del Código de Procedimiento Civil (en el mismo sentido las sentencias de 1° de septiembre de 2009, de la Sala de Casación Civil de la Corte Suprema de Justicia, M. P. Ruth Marina DÍAZ RUEDA, publicada en *Jurisprudencia y Doctrina*, t. XXXVIII, N° 456, Legis, Bogotá, D. C., dic. de 2009, p. 207; y 17 de noviembre de 2011, de la misma corporación, M. P. William NAMÉN VARGAS, publicada en *Jurisprudencia y Doctrina*, t. XLI, N° 481, Legis, Bogotá, D. C., ene. de 2012, p. 18). No obstante, en caso de que el Despacho estime otra cosa, solicito entonces se libren los siguientes:

B.   OFICIOS

1.   Oficio al Departamento Nacional de Estadística, DANE, cuyas instalaciones funcionan en ..., para que a mi costa se sirva expedir y remitir certificación sobre los aumentos del índice de precios al consumidor a partir del (día mes y año en que venció la obligación originaria o fundamental).

2.   Oficio a la Superintendencia Financiera de Colombia, cuyas instalaciones funcionan en ..., para que a mi costa se sirva expedir y remitir certificación sobre las tasas de interés banco corriente, así como de los créditos ordinarios de libre asignación.

C.   (*Las demás pruebas pertinentes, conducentes y útiles para establecer la veracidad de los hechos en que se fundamentan las pretensiones. Así, por ejemplo, si la prescripción o caducidad de la acción cambiaria se basa en un cheque presentado en tiempo para su pago y no pagado por causas imputables a librador, y además su tenedor dejó transcurrir el plazo de seis de que trata el artículo 730, contados desde la presentación del cheque, sería aconsejable probar la causa de no pago imputable al librador, v. gr. carencia absoluta de fondos, fondos insuficientes, orden de no pago, firma no registrada, firma no concordante con la registrada, falta de una o más firmas por tratarse de una cuenta corriente bancaria que opera con firmas conjuntas, falta de sello antefirma registrado, falta de protector registrado, cheque enmendado, falta de cantidad–es– en letras o números, o instrumento aparentemente falsificado*).

VI.   FUNDAMENTOS DE DERECHO

Además de las normas legales y precedentes judiciales aquí citados, fundamento la presente demanda en los artículos 1546 y demás normas concordantes del Código Civil, 831 y 882 del Código de Comercio, y demás disposiciones concordantes.

VII.   CUANTIA.

De conformidad con el numeral 1 del artículo 26 del Código General del Proceso, estimo la cuantía en la suma de $ ... (valor de las pretensiones –las principales en caso de que el valor total de éstas fuere el mayor, o las subsidiarias en caso de que la suma de éstas fuere la mayor–, incluidos los intereses reclamados como accesorios, al tiempo de la demanda)[25].

VIII. CLASE DE PROCESO QUE CORRESPONDE A LA PRESENTE DEMANDA

A la presente demanda corresponde el trámite del proceso verbal consagrado en el título I, Sección Primera, del Libro Tercero del Código General del Proceso (artículos 368 a 373 y 377).

IX. COMPETENCIA

Por la calidad y domicilio de las partes, la materia y el valor de las pretensiones, es usted, señor Juez Civil (Municipal -en caso de que el proceso fuere de mínima o menor cuantía-, o del Circuito -en caso de que fuere de mayor cuantía-) -reparto- de la ciudad de ..., competente para conocer de la presente demanda.

X. INSCRIPCIÓN DE LA DEMANDA.

(Si la demanda versare sobre dominio u otro derecho real principal, en bienes muebles o inmuebles [como los es la resolución del contrato de compraventa de bienes incumplido por el comprador], o sobre una universalidad de bienes, de hecho o de derecho, sujetos a registro, podría solicitarse su inscripción, con sujeción a lo dispuesto en el numeral 1° del artículo 590 del Código General del Proceso, en los siguientes o parecidos términos:)

Con el fin de asegurar los efectos de la presente acción y con fundamento en el artículo 590 del Código General del Proceso, de la manera más comedida ruego al Despacho que en el auto admisorio se decrete la *inscripción de la demanda y* se ordene librar oficio al Registrador (v g.r. de Instrumentos Públicos en el caso de inmuebles, o de vehículos automotores en el caso de vehículos).

[Para tal fin sería necesario prestar la caución de que trata el numeral 2 del artículo 590 citado, para responder por las costas y

perjuicios que llegaren a causarse con la inscripción de la demanda]. [Sobra agregar que con la medida de inscripción de la demanda no sería necesaria la Audiencia de Conciliación como requisito de procedibilidad, ya que el Parágrafo 3° del artículo 67 de la Ley 2220 de 2022 consagra la posibilidad de "acudir directamente al juez, sin necesidad de agotar la conciliación prejudicial como requisito de procedibilidad", cuando "se solicite la práctica de medidas cautelares"].

XI. ANEXOS

1. Los documentos enunciados en el acápite de Pruebas.

2. El poder conferido al suscrito para actuar en el presente proceso.

3. Copia de la presente demanda para el archivo del Juzgado[26].

4. Copia de la presente demanda y sus anexos con destino a la notificación y traslado a la parte demandada[27].

XI. DIRECCIONES PARA RECIBIR NOTIFICACIONES PERSONALES

1. El demandante recibe notificaciones personales en ... (indicar, además, el correo electrónico, si lo tiene).

2. El suscrito, en mi condición de apoderado judicial del demandante, recibe notificaciones personales en mi oficina de abogado situada en ..., y en la siguiente dirección electrónica (indicar el correo electrónico).

3. Para los fines previstos en el artículo 291 del Código General del Proceso, informo al Señor Juez que la dirección del lugar de habitación (o trabajo) en que el demandado recibe notificaciones

personales es: ... (indicar, además, la dirección electrónica, si se conoce).

Señor Juez,

Con todo comedimiento

ZZ
C.C.
T.P.

---

[1] **Procedencia de la acumulación de pretensiones.** Dado que la pretensión causal se formula como principal y la de enriquecimiento cambiario como subsidiaria, no importa que se excluyan entre sí (numeral 2° del artículo 88 del Código General del Proceso). Tampoco importa que una sea de mayor cuantía y la otra de menor o mínima cuantía, según se deduce del numeral 1° del artículo 88 citado. No obstante, debe tenerse el cuidado de que las pretensiones cumplan los demás requisitos establecidos en el artículo 88 del Código General del Proceso, a saber: que el juez sea competente para conocer de todas ellas (numeral 1 del artículo 88) y que puedan tramitarse por el mismo procedimiento (numeral 3 ibídem).

[2] **Competencia del Juez Civil Municipal.** En única instancia, en caso de que la demanda sea de *mínima cuantía* (pretensiones patrimoniales que no excedan el equivalente a 40 salarios mínimos legales mensuales); o, en primera instancia, en caso de que la demanda sea de *menor cuantía* (pretensiones patrimoniales que excedan el equivalente a 40 salarios mínimos legales hasta el equivalente a 150 salarios mínimos legales mensuales). (Artículos 17-1, 18-1 y 25 del Código General del Proceso).

[3] **Competencia del Juez Civil del Circuito.** En primera instancia, en el evento en que la demanda sea de *mayor cuantía* (pretensiones patrimoniales por un monto superior a 90 salarios mínimos legales mensuales). (Artículos 18-1 y 25 del Código General del Proceso).

[4] **Determinación de la Competencia Territorial.** En este caso, para efectos de determinar la *competencia territorial*, son aplicables las siguientes reglas:

1) Es competente el juez del domicilio del demandado, y si éste tiene varios el de cualquiera de ellos a elección del demandante. (numeral 1° del artículo 28 del Código General del Proceso).

2) *"Cuando el demandado carezca de domicilio en el país, será competente el juez de su residencia. Cuando tampoco tenga residencia en el país, o ésta se desconozca, será competente el juez del domicilio o de la residencia del demandante".* (Apartado final del numeral 1° del artículo 28 del Código General del Proceso).

3) Si son varios los demandados, es competente el juez del domicilio *"de cualquiera de ellos a elección del demandante".* (Numeral 1° del artículo 28 del Código General del Proceso).

4) Si se demanda a una persona jurídica, *"es competente el juez de su domicilio principal. Sin embargo, cuando se trate de asuntos vinculados a una sucursal o agencia, serán competentes, a prevención, el juez de aquél y el de ésta".* (Numeral 5° del artículo 28 del Código General del Proceso).

5) Si se demanda a una entidad territorial, a una entidad descentralizada por servicios, o a cualquiera otra entidad pública, es competente, en forma privativa, el juez del domicilio de la respectiva entidad. (Inciso 1° del numeral 10 del artículo 28 del Código General del Proceso).

6) *"Cuando la parte esté conformada por una entidad territorial, o una entidad descentralizada por servicios o cualquiera otra entidad pública y cualquier otro sujeto, prevalecerá el fuero territorial de aquellas".* (Inciso 2° del numeral 10 del artículo 28 del Código General del Proceso).

[5] **Clase de proceso.** En la actualidad, conforme lo prevé el artículo 368 del Código General del Proceso, el trámite corresponde al de un proceso *verbal*, por tratarse de un asunto contencioso no sometido a un trámite especial.

[6] **Legitimado por activa.** El legitimado por activa en la *actio in rem verso* puede ser:

1) *El primer beneficiario.* Cuando el título no es negociado y en su poder opera la caducidad o prescripción de la acción cambiaria.

2) *El único endosatario.* Cuando el título ha sido negociado sólo una vez y en

manos de su único endosatario opera la caducidad o prescripción de la referida acción.

3) *El último endosatario.* Cuando el título ha sido negociado varias veces y su último endosatario deja transcurrir el tiempo de caducidad o prescripción que conlleva el descargo definitivo del instrumento.

4) *El obligado de regreso que lo ha recibido en retorno.* Quien asume la posición de acreedor cartular, y en cuyas manos opera la caducidad o prescripción de la acción cambiaria con lo cual se produce el descargo del instrumento.

5) *El endosatario (o cesionario) que lo ha recibido después de vencido pero, según da a entenderlo la Corte (sentencia de 6 de diciembre de 1993), antes de ocurrida la caducidad o prescripción de la acción cambiaria. Podría, incluso, darse el caso de un cesionario que recibe el título después de ocurrida la caducidad o prescripción de la acción cambiaria pero, eso sí, antes de que operare la prescripción de la* **actio in rem verso** *cambiario.*

6) *El avalista.* Quien, al tenor del artículo 638 del Código de Comercio, cuando paga, *"(...) adquiere los derechos derivados del título-valor contra la persona garantizada y contra los que sean responsables respecto de esta última por virtud del título".*

[7] **Legitimado por pasiva.** El legitimado por pasiva en la **actio in rem verso** puede ser:

1) *El librador del cheque.*

2) *El girador de la letra no aceptada por el girado,* pero que recibe del beneficiario un bien o servicio equivalente al importe de la misma. Esto cuando el girador, el girado -aceptante- y el beneficiario son personas distintas. Tal sería el caso, por ejemplo, de que **A** (girador) dé la orden a **B** (girado-aceptante) de pagar una suma determinada a **C** (beneficiario), por razón de servicios que el girador **A** hubiere recibido del beneficiario **C**.

3) *El aceptante de la letra.*

4) *El otorgante del pagaré.*

5) *Cualquiera de los endosantes* (lo que es más bien remoto). Podría ser el caso del endosante que obtiene la letra de cambio de manos del beneficiario sin pagar valor alguno, pero que la transfiere a un tercero por un valor que sí recibe.

[8] **Pretensión de resolución de contrato.** No puede perderse de vista que para que proceda la pretensión de *resolución de contrato* es menester que se trate de un contrato *bilateral*. No procede, por tanto, en contratos *unilaterales* en los cuales es lo conducente la *terminación*. Ejemplo de esto último es el contrato de mutuo, en el cual las obligaciones entre las partes no son recíprocas ni interdependientes. Sobre el particular, la CSJ, SC, en sentencia de 12 de diciembre de 2006 expuso: *"Por supuesto que como lo tiene dicho la Corte, el contrato de mutuo 'es un contrato unilateral'. Como real, que también es, no se perfecciona sino por la entrega de su objeto ... Sin la entrega no hay contrato y solo por ella existe, y con ella y por virtud de ella nace. No es jurídicamente admisible la acción resolutoria (...)"* (M. P. Jaime Alberto ARRUBLA PAUCAR, publicada en: *Jurisprudencia y Doctrina*, t. XXXVI, N° 423, Legis, Bogotá, D. C., mar. de 2007, pp. 379 y 380). No procede tampoco la resolución en caso de que el incumplimiento tenga importancia muy escasa atendido el interés de la parte cumplida, como cuando sólo se debe una porción menor del valor del bien y se estima que el interés del acreedor *"'ha sido ya sustancialmente satisfecho, bastando por ello ahora con la vía del cumplimiento forzoso en especie o equivalencia, para satisfacer ese residual interés insatisfecho' (OP. Cit. Edición Temis, 1979, pág. 200)"*. (Extracto jurisprudencial citado en la sentencia de 11 de septiembre de 1984, una reseña de la cual aparece publicada a continuación del artículo 1546, en la obra *Código Civil y Legislación Complementaria*, Ed. Legis S. A, § 6754, p. 631). Al respecto versa también la sentencia de 18 de diciembre de 2009 (M. P. Arturo SOLARTE RODRÍGUEZ, publicada en: *Jurisprudencia y Doctrina*, t. XXXIX, N° 459, Legis, Bogotá, D. C., mar. de 2010, p. 336 y ss).

[9] **Pretensión de cumplimiento de contrato.** En caso de que el demandante pretendiere, no la resolución del contrato sino el cumplimiento de éste, podría deprecar, de manera consecuencial a la declaración de incumplimiento, las siguientes pretensiones:

Que como consecuencia de la declaratoria de las pretensiones precedentes, se condene a YY a:

1. Cumplir el contrato citado en la declaración *"PRIMERA"*, tan pronto como quede ejecutoriada la sentencia, incluyendo los intereses del plazo a la tasa del ...% desde (día, mes y año) hasta (día, mes y año), y moratorios a la tasa del ... % desde (día, mes y año) hasta el día en que se realice el pago total de la obligación.

2. Indemnizar o resarcir, tan pronto como quede ejecutoriada la sentencia, los perjuicios causados a XX por el incumplimiento mencionado, conforme a justa tasación pericial (o la forma que se establezca en el proceso).

Acumulación de la pretensión de resolución como subsidiaria a la de cumplimiento, o ésta como subsidiaria de aquella. La pretensión de resolución del contrato podría ser también subsidiaria a la de cumplimiento, o ésta subsidiaria a la de resolución, según sentencia de 10 de diciembre de 1990, en la cual la CSJ, SC, precisó: *"Los textos legales callan en torno al asunto. Sin embargo, nada autoriza para sostener que si se implora el cumplimiento de la prestación no sea posible después, incluso cuando ha mediado el desistimiento de la pretensión, demandar la resolución del contrato. El que las acciones sean alternativas no entraña que el acreedor se vea colocado en la disyuntiva consistente en que si pide el cumplimiento le quede, por tal causa, clausurada la oportunidad para solicitar la resolución. Semejante entendimiento de la cuestión equivaldría a dejar a la parte atada al contrato de manera indefinida cuando obtenida una sentencia favorable al cumplimiento, no obstante, en la práctica se encuentra que carece de los medios para hacer efectiva la prestación a cargo del deudor. A raíz de esto se ha dicho que la resolución es procedente aún después de proferida sentencia en que se ordene el cumplimiento de la obligación, pues aquella carece de efectos novatitos. // En verdad, el carácter alternativo de las acciones no ha de querer decir más que el ejercicio de ambas no es lógica ni jurídicamente posible de manera simultánea por la contradicción que entre ellas se advierte, aunque se trate de procesos separados. En cambio, como una corroboración de que el ejercicio de la uno no genera la caducidad de la otra, sí es viable su acumulación en la misma demanda de manera principal y subsidiaria, como lo autoriza el numeral 2° del artículo 82 del Código de Procedimiento Civil"*, M. P. Héctor MARÍN NARANJO, publicada en: *Jurisprudencia y Doctrina*, t. XX, núm. 230, Legis, feb. de 1991, p. 116).

Es indicada la pretensión de cumplimiento del contrato cuando la resolutoria no sea procedente (como cuando ha sido renunciada o cuando tiene importancia muy escasa el incumplimiento en atención al interés de la parte cumplida), o cuando resulte infructuosa (como cuando no fuere oponible a terceros adquirentes del bien o éste consistiere en una especie o cuerpo cierto que hubiere sufrido deterioro o se hubiere destruido o desaparecido). En igual forma, es indicada la pretensión resolutoria del contrato cuando la de cumplimiento no sea posible, v. gr. cuando se trate de una obligación de género, pero el deudor presente insolvencia; o cuando siendo procedente el cumplimiento por equivalencia o indemnización compensatoria (en este sentido la sentencia de 3 de noviembre de 1977, publicada en *G. J.* CLV, p. 320), el deudor presente también insolvencia.

Naturaleza de la pretensión de indemnización de los daños derivada del incumplimiento del contrato. En sentencia de 19 de octubre de 2006, la CSJ, SC, señaló: *"(...) ha sido, doctrina constante de la Corte, dentro del ámbito de la preceptiva legal contenida en el artículo 1546 del Código Civil, la de que la indemnización de los daños derivada del incumplimiento constituye una prestación diferente y como tal puede exigirse, ya como pretensión accesoria, complementaria o consecuencial de la resolución o del cumplimiento, bien como pretensión autónoma o independiente"* (M. P. William NAMÉN VARGAS, publicada en: *Jurisprudencia y Doctrina*, t. XXXVIII, N° 456, Legis, Bogotá, D. C., dic. de 2009, p. 1999).

[10] **Título valor de contenido crediticio susceptible de ser entregado por una**

obligación anterior. De acuerdo con el inciso 1° del artículo 882 del C. Co., son susceptibles de ser entregados en pago de una obligación anterior *"letras, cheques, pagarés y demás títulos valores de contenido crediticio".* Las letras de cambio, los cheques y los pagarés son, en principio, los únicos títulos valores de contenido crediticio en virtud de cuya entrega (que puede consistir en la emisión, el endoso o la transferencia), suele darse cumplimiento a obligaciones preexistentes. Es difícil suponer que pueda, por ejemplo, darse cumplimiento a una obligación preexistente mediante el endoso o transferencia de una factura (factura cambiaria de compraventa y factura cambiaria de transporte antes de la Ley 1231 de 2008), que también es título valor de contenido crediticio. No obstante, habida cuenta que no es descartable la posibilidad de que las facturas sean eventualmente negociadas, el artículo 882 no las excluyó de la factibilidad de ser endosadas o transferidas en cumplimiento de obligaciones contraídas con anterioridad. Esta fue seguramente la razón por la cual en la norma citada, a continuación de las palabras *"letras, cheques, pagarés",* viene agregada la expresión *"y demás títulos-valores de contenido crediticio".*

Fuera de los citados de manera expresa en el artículo 882, los demás títulos valores de contenido crediticio son, básicamente:

1. La factura (ya referenciada),

2. El bono de prenda (en tal sentido fue concebido por la CSJ, SC, en sentencia de Casación de 29 de mayo de 1991, en la cual indicó: *"El bono de prenda, en particular, es un título-valor de contenido crediticio que lleva inserta la promesa de pagar una suma de dinero a una persona determinada o al portador; suma garantizada con prenda sobre las mercaderías en él referidas, depositadas en el Almacén General",* M. P. Alberto Ospina Botero, G. J. t. CCVIII, p. 398),

3. Los bonos, y

4. El certificado de depósito a término (CDT).

[11] **Por qué es recomendable que se formule como pretensión primera principal la declaratoria de descargo del título, ya por caducidad, ora por prescripción.** Aunque, según la jurisprudencia de la Corte Suprema de Justicia, para el ejercicio de la ***actio in rem verso cambiario*** no se exige un pronunciamiento judicial sobre la caducidad o prescripción, *"porque sería imponer un requisito que la ley no contempla"* (sentencia, sin publicar, de 14 de marzo de 2001, M. P. Jorge Santos Ballesteros), a fin de evitar discusiones sobre el particular y habida cuenta que ese es uno de los presupuestos de la acción, sí es recomendable que se formule como pretensión primera principal la declaratoria de descargo del título, ya por caducidad, ora por prescripción, según el caso, de la acción cambiaria, máxime si se tiene en cuenta que el artículo 2 de la Ley 791 de

2002 adicionó al artículo 2513 del Código Civil un inciso (el 2°) en virtud del cual es posible invocar la prescripción extintiva por vía de acción.

Ciertamente, sobre la posibilidad de formular la pretensión de descargo del título por caducidad o prescripción de la acción cambiaria versa la sentencia de 14 de mayo de 2008 (M. P. César Julio VALENCIA COPETE), publicada en: *Jurisprudencia y Doctrina*, t. XXXVII, núm. 440, Legis, ago. de 2008, p. 1265).

[12] **La caducidad y la prescripción como formas de descargo del instrumento que dan lugar a la acción de enriquecimiento cambiario.** Las formas de caducidad o prescripción que producen el descargo del instrumento negociable y que dan lugar a la acción de enriquecimiento cambiario, son básicamente:

1) *La caducidad de la acción cambiaria de regreso contra el librador del cheque (título valor en el cual no existen obligados directos) y sus avalistas.* Acontece cuando el título no es presentado y protestado en tiempo, siempre que durante todo el plazo de presentación el librador (titular de la cuenta corriente bancaria) hubiere tenido fondos suficientes en poder del banco librado y por causa no imputable a dicho librador (lo que en la práctica supone que la no presentación en tiempo no se deba a culpa del librador), el cheque haya dejado de pagarse (artículo 729, C. Co.).

2) *La prescripción de la acción cambiaria de regreso en el cheque.* Acontece, para el último tenedor, cuando no habiendo caducado la acción cambiaria contra el librador y sus avalistas (si los hubiere), el último tenedor deja transcurrir seis (6) meses contados desde la presentación; y, para los endosantes o avalistas, cuando, no habiendo caducado la acción cambiaria contra los demás signatarios, dejan pasar el mismo término, pero contado éste desde el día siguiente a aquel en que pagan el cheque (artículo 730, C. Co.).

Otra forma, excepcional, de prescripción de la acción cambiaria en el cheque que acarrea el descargo del instrumento, es la prescripción del cheque de viajero o turístico, que se configura, frente al (banco) librador, por la no presentación del título dentro de los diez (10) años siguientes a su emisión (momento a partir del cual se encuentra disponible la provisión), y, frente al corresponsal que lo ponga en circulación, por su no presentación dentro de los cinco (5) años siguientes a la emisión. (Arts. 746 y 751, C. Co.).

3) *La prescripción de la acción cambiaria directa en los títulos valores de contenido crediticio distintos del cheque.* Se configura, simplemente, cuando el tenedor del instrumento deja transcurrir tres (3) años, contados a partir del día del vencimiento (artículo 789, C. Co.).

En tratándose de bonos, las acciones para el cobro de intereses y capital prescriben en cuatro (4) años contados desde la fecha de su exigibilidad. (Dec. 2555/2010, artículo 6.4.1.1.39).

4) *La prescripción de la acción cambiaria de regreso contra el girador de la letra no aceptada por el girado* (cuando el girador es persona distinta del girado y no ha mediado la aceptación de éste, evento en el cual no existe acción cambiaria directa). Se produce en los términos de los artículos 790 y 791 del C. Co., esto es: para el último tenedor, *"en un año contado desde la fecha del protesto o, si el título fuere sin protesto, desde la fecha del vencimiento; y, en su caso, desde que concluyan los plazos de presentación"* (artículo 790); y para el obligado de regreso contra los demás obligados anteriores, *"en seis meses, contados a partir de la fecha del pago voluntario o de la fecha en que se le notifique la demanda"* (artículo 791).

[13] **Formas de caducidad y prescripción de la acción cambiaria de regreso que no conllevan el descargo del instrumento negociable y que, por lo mismo, no dan lugar a la acción de enriquecimiento cambiario.** Para los efectos previstos en el tercer inciso del artículo 882 del C. Co., las formas de caducidad o prescripción antes enunciadas son prácticamente las únicas que dan lugar al descargo definitivo del instrumento y a la consiguiente extinción de la obligación *fundamental*, y que legitiman al acreedor para dirigirse contra quien haya resultado enriquecido a causa de la caducidad o de la prescripción.

No producen descargo del título ni dan lugar a la acción de enriquecimiento cambiario los siguientes eventos de caducidad y prescripción de la acción cambiaria de regreso:

1) *La caducidad de la acción cambiaria de regreso contra los endosantes y sus avalistas en el cheque.* Que se configura por la simple falta de presentación o protesto oportunos, la cual no obstante ocurrida, deja subsistente la acción cambiaria de regreso contra el librador y sus avalistas (artículo 729 del C. Co.), siempre que durante todo el plazo de presentación el librador no hubiere tenido fondos suficientes en poder del librado, pues de tenerlos y no habiendo el tenedor presentado el cheque operaría también la caducidad de la acción contra dichos librador y avalista, dando lugar a la posibilidad de ejercer la ***actio in rem verso cambiario*** de que se viene hablando.

2) *La caducidad de la acción cambiaria de regreso (que deja subsistente la acción cambiaria directa) en los demás instrumentos negociables distintos del cheque.* En los demás instrumentos negociables distintos del cheque, la caducidad de la acción cambiaria de regreso opera por no haberse presentado el título en tiempo para su aceptación o para su pago, o por no haberse levantado el protesto conforme a la ley (artículos 698 y 787 ibídem).

3) *La prescripción de la acción cambiaria de regreso (que también deja subsistente*

162

la acción cambiaria directa) en los demás instrumentos negociables distintos del cheque.

En síntesis, acontecida la caducidad de la acción cambiaria de regreso contra el **librador del cheque y sus avalistas**, o prescrita la acción cambiaria de regreso en tal tipo de instrumentos negociables, fluye para el tenedor la acción de enriquecimiento cambiario. Del mismo modo, ocurrida la caducidad de la acción cambiaria de regreso en un **instrumento negociable distinto del cheque**, se extingue la acción causal contra el obligado de regreso correspondiente, pero le queda al tenedor la acción cambiaria directa, prescrita la cual emerge en su favor la acción de enriquecimiento cambiario.

[14] **Pretensión del mayor o menor valor que se establezca en el proceso.** Esta fórmula del mayor o menor valor que se establezca en el proceso, es recomendable en todo tipo de pretensiones económicas y se ajusta al principio de la *congruencia*, con fundamento en el cual la Corte Suprema de Justicia tiene establecido que **solo puede concederse el límite, suma o cantidad máxima contenida en la pretensión**, salvo que se utilicen expresiones como *"o la que se pruebe"*, o *"la que resultare probada"*, o *"la que se probare en el proceso"* o cualquiera otra de similar contenido. En este sentido la sentencia de 15 de abril de 2009, de la Sala de Casación Civil (M. P. César Julio Valencia Copete), publicada en: *Jurisprudencia y Doctrina*, t. XXXVII, N° 451, Legis, Bogotá, D. C., jul. de 2009, pp. 1025 a 1027, donde se pone de presente que las aludidas expresiones modifican la cifra expresada en la pretensión *"de tal manera que amplían el espectro dentro del cual el juzgador válidamente puede o debe moverse, hacia arriba o hacia abajo de esa cuantificación, sin caer, desde luego, en una resolución **infra petita** o **plus petita**, pues en tal supuesto está limitado, eso sí, solo por el importe probado a través de los diversos elementos de convicción incorporados al plenario"*. En la misma providencia se pone de presente que *"la disyuntiva 'o', utilizada en casi todos los asuntos en que se hace uso de algunas de aquellas expresiones, implica una alternativa con el firme propósito de que el juez, a la hora que le corresponda, pueda optar por una posibilidad o por la otra, según como se lo permita el caso específico"*.

[15] **Pretensión sobre el monto del enriquecimiento y del empobrecimiento correlativo.** La pretensión en estos términos se ciñe a lo indicado por la CSJ en SC de 6 de diciembre de 1993, según la cual

> *"Acaecido el enriquecimiento sin causa, nace en favor de la persona empobrecida una acción restitutoria que en cuanto al monto de sus posibles resultados, tiene dos límites que es imposible rebasar pues representan aplicación concreta de los postulados que están en la base misma de dicha acción. En efecto, dado que su función es en síntesis la de restablecer la integridad de un patrimonio con referencia a otro patrimonio, la acción 'in*

rem verso' *en ninguna de sus modalidades puede convertirse en fuente de* *provecho injustificado para el actor ni tampoco en motivo legítimo de* *pérdida para el demandado, y es por eso que se dice que aquél monto no* *puede exceder el enriquecimiento ni superar el empobrecimiento, luego si no* *llegaran a coincidir ambos extremos en un caso determinado, el límite del* *reembolso vendrá impuesto por el menor de esos valores (...)*" (M. P. Carlos Esteban JARAMILLO SCHOLSS). (Publicada en: Jurisprudencia y Doctrina, t. XXIII, núm. 266, Legis, feb. de 1994, p. 149).

[16] **Pretensión sobre corrección monetaria e intereses remuneratorios.** Esta pretensión se fundamenta en la SC de 18 de septiembre de 1995, en la cual se indicó:

"Esta acción, que como lo expresó la misma doctrina líneas adelante, busca *resarcir el daño experimentado 'procediendo contra el librador, el aceptante* *o el emisor en aquellos eventos en que demuestre el acreedor que por efecto* *de la prescripción o el perjuicio del instrumento derivado de la caducidad,* *ellos obtuvieron un provecho indebido (..) (Cas. Civ. 6 de diciembre 1993,* *aun sin publicar), difiere por ende del mero cobro cambiario que regula el* *estatuto comercial y no puede equipararse el resultado que puede obtenerse* *mediante el ejercicio de una y otra acción, por cuanto la primera de ellas* *apenas comprende el valor del enriquecimiento ocurrido, fijado en términos* *monetarios actuales si de sumas de dinero se trata. O por mejor decirlo, por* *obra de la acción de enriquecimiento que prospera ha de prestarse, en* *estricto rigor, indemnización del enriquecimiento en realidad producido y no* *indemnización de daños, de forma tal que la obtención de ese valor en que* *consiste la acción en examen, pueda conseguirse efectivamente a salvo de la* *disminución del valor de la moneda, todavía con mayor razón cuando, como* *en la especie de estos autos acontece, ese objeto recibido en un comienzo por* *el deudor demandado, son sumas de dinero reajustables sobre las cuales la* *institución financiera demandante tiene derecho a percibir intereses a una* *determinada tasa que, por lo demás, fue pactada en los contratos de mutuo* *celebrados.*

En el entorno del Art. 882 del Código de Comercio, salta a la vista que la *pretensión de enriquecimiento injustificado allí tipificada, sirve para volver a* *equilibrar, mediante la adecuada compensación, desplazamientos* *patrimoniales consumados debido a las exigencias de un derecho formal pero* *que a la postre, sin necesidad apreciable, terminan por contrariar dictados* *elementales de justicia material, de suerte que con la restitución así* *organizada, el ordenamiento positivo se ocupa de sanar las heridas que él* *mismo se ha visto precisado a producir con miras a facilitar la actividad* *mercantil en la que juegan papel de primera línea los títulos valores; el eje* *cardinal de la doctrina en que se funda la acción de enriquecimiento cambiario, cual ocurre con todas las de su género, está en el tránsito sin causa y de un patrimonio a otro, de un valor que en cuanto tal ha de ser restituido, de donde se sigue, por obvia inferencia lógica que el demandante, por esta vía, no puede obtener el pago de intereses moratorios y demás gastos que el legislador permite cobrar a quien ejercita la acción cambiaria (Art. 782 del C. de Co.), pero sí puede solicitar una total restitución que incluye los intereses en cuanto representan, según quedó visto, el justo precio que por el uso de las sumas en cuestión convinieron en aceptar las partes"* (folios 22 y 23 de la sentencia, M. P. Carlos Esteban JARAMILLO SCHOLSS).

[17] **Límite de los intereses.** El artículo 884 del Código de Comercio, modificado por el artículo 111 de la Ley 510 de 1999, establece que en los negocios mercantiles en que haya de pagarse réditos de un capital, el interés remuneratorio, si no hubiere sido convenido, será el bancario corriente; y el moratorio, si las partes no lo hubieren estipulado, será el equivalente a una y media veces el bancario corriente. Y advierte: *"en cuanto* [el interés] *sobrepase cualquiera de estos montos el acreedor perderá todos los intereses, sin perjuicio de los dispuesto en el artículo 72 de la Ley 45 de 1990".*

A su turno el artículo 72 de la Ley 45 de 1990 reza:

> **"*Sanción por el cobro de intereses en exceso.*** *Cuando se cobren intereses que sobrepasen los límites fijados en la ley o por la autoridad monetaria, el acreedor perderá todos los intereses cobrados en exceso, remuneratorios, moratorios o ambos, según se trate, aumentados en un monto igual. En tales casos el deudor podrá solicitar la inmediata devolución de las sumas que haya cancelado por concepto de los respectivos intereses, más una suma igual al exceso, a título de sanción.*
>
> ***Parágrafo.-*** *Sin perjuicio de las sanciones administrativas a que haya lugar, cuando se trate de entidades vigiladas por la Superintendencia Bancaria* [hoy Superintendencia Financiera de Colombia], *ésta velará porque las mismas cumplan con la obligación de entregar las sumas que de conformidad con el presente artículo deban devolverse".*

En adición a lo anterior, el artículo 305 del Código Penal, incluidas las penas aumentadas por el artículo 14 la Ley 890 de 2004, dispone:

> ***"Usura.*** *El que reciba o cobre, directa o indirectamente, a cambio de préstamo de dinero o por concepto de venta de bienes o servicios a plazo, utilidad o ventaja que exceda en la mitad del interés bancario corriente que para el período correspondiente estén cobrando los bancos, según certificación de la Superintendencia Bancaria* [hoy Superintendencia

Financiera de Colombia], *cualquiera sea la forma utilizada para hacer constar la operación, ocultarla o disimularla, incurrirá en prisión de treinta y dos (32) a noventa (90) meses y multa de sesenta y seis punto sesenta y seis (66.66) a trescientos (300) salarios mínimos legales mensuales vigentes.*

El que compre cheque, sueldo, salario o prestación social en los términos y condiciones previstos en este artículo, incurrirá en prisión de cuarenta y ocho (48) a ciento veintiséis (126) meses y multa de ciento treinta y tres punto treinta y tres (133.33) a seiscientos (600) salarios mínimos legales mensuales vigentes.

Inciso adicionado por el artículo 34 de la Ley 1142 de 2007: Cuando la utilidad o ventaja triplique el interés bancario corriente que para el período correspondiente estén cobrando los bancos, según certificación de la Superintendencia Financiera o quien haga sus veces, la pena se aumentará de la mitad a las tres cuartas partes".

[18] **Linderos de inmuebles en demandas que versen sobre esta clase de bienes.** Cabe anotar que, de conformidad con el inciso 1° del artículo 83 del Código General del Proceso, *"(en) Las demandas que versen sobre bienes inmuebles (...) No se exigirá la transcripción de linderos cuando éstos se encuentren contenidos en alguno de los documentos anexos a la demanda".*

[19] **Plazos de presentación del cheque.** Acerca de la presentación, en tiempo y para su pago, de los cheques, el artículo 718 del C. Co. fija plazos de quince días, uno, tres y cuatro meses, según se trate, en su orden, de cheques pagaderos en el mismo lugar de su expedición (15 días), o en el mismo país de su expedición pero en un lugar distinto al de ésta (1 mes), o en un país (latinoamericano) distinto al país latinoamericano en que fuere expedido (3 meses), o fuera de América Latina pero expedido en algún país latinoamericano (4 meses). Otro plazo de presentación del cheque se encuentra consignado en la SC de 22 de septiembre de 1978, en la cual la CSJ, en lo tocante a los cheques posfechados, señaló:

*"(...) en caso de cheques posdatados, su tenedor puede presentarlos oportunamente para el pago, en virtud de lo dispuesto en la parte final del artículo 717, **en cualquier momento anterior a la fecha estampada en él o, según lo que prescribe el artículo 718-1°, dentro de los 15 días siguientes a su fecha.** En todo caso, la acción cambiaria no puede caducar frente al endosante sino cuando la falta de presentación o el protesto oportunos, es decir, cuando el cheque posdatado, en el caso contemplado por el artículo 718-1°, se presentó para su pago después de vencidos los quince días siguientes a la fecha que él ostenta. Si precisamente al que se fecha con señalamiento de día posterior al de su creación y de su entrega, se le da el*

nombre de cheque posdatado, es palmario que no puede afirmarse, como lo sostuvo el Tribunal, que en esta especie de títulos-valores su fecha es la del día de la presentación para el pago, cuando ésta se realiza antes de la que indica la posdata. El inciso final del artículo 621 ibídem solo permite tener como fecha del título valor la del día de su entrega, cuando en él no se menciona la suya" (Resaltado fuera de texto) (Sala de Casación Civil, M. P. Germán GIRALDO ZULUAGA, G. J. t. CLVIII, p. 225).

Aunque en la doctrina antes transcrita la Corte sólo registra el evento del cheque posdatado pagadero en el mismo lugar de su expedición, el criterio en ella consignado es igualmente válido para todo cheque posfechado pagadero fuera del lugar de su expedición. Esto por cuanto –se supone–, si la Corte hubiera tratado, por ejemplo, el caso del cheque posdatado pagadero dentro del mismo país pero en un lugar distinto al de su expedición, seguramente habría dicho que en este evento el cheque sería pagadero desde cualquier momento anterior al de la fecha estampada en é, vale decir desde la fecha de su creación hasta el mes subsiguiente a su fecha.

En la misma doctrina la Corte se refiere también, aunque de modo tangencial, a la *fecha de creación del título*, y al efecto memora que, conforme al inciso final del artículo 621, la fecha de creación del título es la mencionada en el texto de éste y, en su defecto, la del día de su entrega.

En la anterior forma y de acuerdo con el citado criterio, hay lugar a distinguir entre la *fecha de creación del título* (que puede ser anterior a la fecha del título mismo) y *la fecha del título* (la consignada en éste y que puede ser posterior a la fecha de su creación).

A la *fecha del título* se refiere el artículo 718 en sus cuatro numerales, atinentes a la fijación de los plazos de presentación del cheque. Ciertamente, el numeral 1° del citado artículo 718 dispone que los cheques deberán presentarse para su pago *"Dentro de los quince días a partir de su fecha* (no a la **fecha de su creación**) *si fueren pagaderos en el mismo lugar de su expedición"*. Del mismo modo, aun cuando de manera implícita, la fecha del título a la cual alude el numeral 1° es tomada como factor de referencia o punto de partida para determinar los plazos de presentación de que tratan los numerales subsiguientes de la precitada norma, los cuales deben leerse como sigue:

"2° Dentro de un mes -a partir de su fecha-, *si fueren pagaderos en el mismo país de su expedición, pero en lugar distinto al de ésta;*

"3° Dentro de tres meses -a partir de su fecha-, *si fueren expedidos en un país latinoamericano y pagaderos en algún otro país de América Latina",* y

"4° Dentro de cuatro meses -a partir de su fecha-, *si fueren expedidos en*

algún país latinoamericano para ser pagados fuera de América Latina".

De otro lado, el hecho de que el cheque posfechado pueda ser presentado desde su creación hasta los quince días siguientes a la fecha en él estampada en él hasta los quince (lo que implica un plazo mayor de presentación que el establecido para los cheques con antedata o con la misma fecha del día de su creación), entraña una especie de compensación a favor del tenedor por la no tipificación penal de tal clase de cheques para cuando sean impagados por insuficiencia de fondos o por orden injustificada de no pago, según lo dispone el artículo 248 del Código Penal, cuyo inciso 3° señala: *"La emisión o transferencia del cheque* (sin suficiente provisión de fondos, o que luego de emitido se dé orden injustificada de no pago) *posdatado (...) no da lugar a acción penal".*

Es de observar también que la norma del artículo 718 del C. Co. ha sido repudiada por haber sido trasladada del Proyecto Intal sin haberse tenido el cuidado de precisar el sentido y alcance de la expresión *"país latinoamericano"* allí empleada. La Real Academia Española le da una connotación **histórica** (la admite como relativa a los países de América que fueron colonizados por naciones latinas, esto es, por España, Portugal o Francia). Hay quienes le asignan una connotación **lingüística** (la relacionan con los países cuyo idioma oficial es originario del latín, es decir, el español, el portugués, el italiano y el rumano). Otra tendencia es de índole **geográfico** (con base en la cual se estima que países latinoamericanos son los que se encuentran ubicados en Centro y Suramérica). La aludida norma suele ser también repudiada por haber pretendido regular relaciones jurídicas concernientes a países de *"fuera de América Latina"* y aun *"latinoamericanos"* no inscritos en el Proyecto Intal.

En todo caso, en lo que atañe al ordenamiento jurídico colombiano, sólo importa tener en cuenta los **cheques pagaderos dentro del territorio nacional**, sea que se expidan en el mismo lugar de su pago, o en un lugar distinto pero dentro del mismo país, o en otro país latinoamericano distinto a Colombia.

[20] En este caso se produciría la caducidad de la acción cambiaria contra el librador y sus avalistas, de la cual trata el inciso primero del artículo 729 del Código de Comercio (*"La acción cambiaria contra el librador y sus avalistas caduca por no haber sido presentado y protestado el cheque en tiempo, si durante todo el plazo de presentación el librador tuvo fondos suficientes en poder del librado y, por causa no imputable al librador, el cheque dejó de pagarse"*).

A *contario sensu*, causa de no pago imputable al librador podría ser la orden de no pago, la firma no registrada, la firma no concordante con la registrada, la falta de una o más firmas cuando se trata de una cuenta corriente bancaria manejada con firmas conjuntas, la falta de sello antefirma registrado, la falta de protector registrado, el cheque enmendado, la falta de cantidad(es) en letras o números, o el instrumento aparentemente falsificado.

[21] **No presentación del cheque en tiempo aunada a la inexistencia de fondos suficientes para su pago en poder del banco librado durante todo el plazo de presentación, o a la configuración, en dicho término, de una causa de no pago imputable al librador.** No opera aquí la caducidad de la acción cambiaria contra el librador y sus avalistas de que trata el inciso 1° del artículo 729 del C. Co., por no concurrir el supuesto de no presentación y protesto en tiempo del cheque y fondos suficientes para su pago en poder del librado durante todo el plazo de presentación, con el de inexistencia, en dicho lapso, de una causa de no pago imputable al librador.

Sobre la posibilidad de que el cheque no sea presentado en tiempo y que no existan fondos suficientes para su pago en poder del banco librado durante todo el plazo de presentación, o que, aun existiendo fondos suficientes para su pago, se dé en ese intervalo de tiempo una causa de no pago imputable al librador, impidiéndose así la caducidad de la acción cambiaria contra el librador y sus avalistas, versa el siguiente aparte de la SC de 22 de septiembre de 1978 de la CSJ:

> *"Diferente es la situación cuando la demanda ejecutiva se dirige contra el librador o sus avalistas, pues en tal evento, para que se produzca la caducidad de la acción cambiaria, no basta que hayan pasado los términos que, para la presentación y protesto del cheque, señala el artículo 718 citado, sino que es menester que durante todo ese lapso el librador haya tenido en el banco fondos suficientes para el pago y que éste haya dejado de hacerse por causa no imputable al librador"* (Sala de Casación Civil, M. P. Germán GIRALDO ZULUAGA, G. J. t. CLVIII, p. 225).

De la lectura e interpretación armónica de los artículos 730 y 790 del Código de Comercio, se colige que:

el segundo de los cuales hace parte del capítulo *"VI. Procedimientos"* y que, en lo pertinente, dispone: *"La acción cambiaria de regreso del último tenedor prescribirá (...), en su caso, desde que concluyan los plazos de presentación"*, norma que, armonizada con las de los artículos 729 y 730 mencionados, lleva a confirmar que:

1) Conforme al inciso primero del artículo 729, *"La acción cambiaria contra el librador y sus avalistas caduca por no haber sido presentado y protestado el cheque en tiempo, si durante todo el plazo de presentación el librador tuvo fondos suficientes en poder del librado y, por causa no imputable al librador, el cheque dejó de pagarse"*, evento en el cual cesa para el librador la obligación de mantener fondos suficientes y disponibles para el pago del cheque en poder del banco librado. En este caso la *actio in rem verso* prescribe al año siguiente a la fecha, no del cheque ni de la

presentación (por no darse ésta), sino desde la conclusión del plazo de presentación.

2) De acuerdo con los artículos 729, 730 y 790 del Código de Comercio, las acciones cambiarias (de regreso) derivadas del cheque (título valor en el cual no existen obligados directos y por ende tampoco existe acción cambiaria directa) prescriben así:

i) Las del último tenedor, en seis meses, contados desde la presentación, o desde que concluya el plazo de presentación, siempre que el librador **no** hubiere mantenido, durante todo ese plazo, fondos suficientes para el pago del cheque en poder del librado, o que aun habiéndolos mantenido hubiere pendido una causa de no pago del cheque imputable al librador, v gr. la orden de no pago, la firma no registrada, la firma no concordante con la registrada, la falta de una o más firmas por tratarse de una cuenta corriente bancaria para operar con firmas conjuntas, la falta de sello antefirma registrado, la falta de protector registrado, el cheque enmendado, la falta de cantidad(es) en letras o números, o el instrumento aparentemente falsificado. En caso de existir dichos fondos durante todo el plazo de presentación y de no darse durante el mismo una causa de no pago imputable al librador, la acción se extingue, no por prescripción, sino por caducidad, de la cual trata el inciso primero del artículo 729, y

ii) Las de los endosantes y avalistas, en el mismo término de seis meses, contado desde el día siguiente a aquél en que paguen el cheque.

La antedicha solución resulta acorde con la consignada en el artículo 721 para cuando **el cheque no es presentado en tiempo**, evento en el cual *"el librado deberá pagarlo si tiene fondos suficientes del librador o hacer la oferta de pago parcial, siempre que se presente dentro de los seis meses que sigan a su fecha".* Se insiste, eso sí, que por disposición expresa del artículo 729, si el cheque no es presentado (y protestado) en tiempo y además ocurre que durante todo el plazo de presentación el librador mantiene fondos suficientes en poder del librado y por causa no imputable al librador el cheque deja de pagarse, **opera la caducidad de la acción cambiaria contra el librador y sus avalistas**, lo que se traduce, se repite, en la cesación para el librador de la obligación de mantener fondos suficientes y disponibles para el pago del cheque en poder del banco librado.

Conviene observar que la caducidad de la acción cambiaria contra el librador y sus avalistas, ocurrida en los términos antes citados (de que trata el inciso primero del artículo 729), no conlleva para el tenedor la extinción del derecho de accionar contra el librador, ya que el propio Código de Comercio consagra, en su artículo 721, una *acción cambiaria* (pues no procede sin el título) *especial,* **sui generis,** contra el librador y que consiste en que de todas formas el banco debe pagar el cheque *"si tiene fondos suficientes del librador o hacer la oferta de pago parcial, siempre que se presente dentro de los seis meses que sigan a su fecha".*

En la anterior forma, el artículo 721 citado constituye un remedio para la pérdida que sufre el tenedor del cheque no presentado en tiempo pese a existir fondos suficientes para su pago en poder del banco librado y no darse, durante el plazo de presentación, una causa de no pago imputable al librador. Con dicho remedio se evita el tenedor el engorroso proceso de la *actio in rem verso cambiario* de que trata el artículo 882 cuando opera la caducidad de la acción cambiaria contra el librador y sus avalistas.

De todas maneras, si el cheque no solo no es presentado en tiempo pese a existir fondos suficientes en poder del banco librado durante todo el plazo de presentación y no darse durante dicho lapso una causa de no pago imputable al librador, sino que tampoco es presentado para su pago dentro de los seis meses siguientes a su fecha, u ocurre que durante esos seis meses siguientes a su fecha es presentado mas no pagado por inexistencia de fondos (los cuales no está obligado a mantener el librador en poder del librado cuando ha operado la caducidad de la acción cambiaria de que trata el inciso primero del artículo 729), o porque a pesar de existir fondos suficientes durante esos seis meses siguientes a su fecha media una orden de no pago impartida por el librador (quien en tal caso estaría actuando con fundamento en el advenimiento de la caducidad de la acción cambiaria mencionada), le quedaría al tenedor la posibilidad de ejercitar la *actio in rem verso*, que prescribiría en un año, contado desde la conclusión del plazo de presentación.

Hay que acotar que si la demanda en la cual se ejercita la *actio in rem verso* es presentada después de los doce (12) meses siguientes a la fecha de conclusión del plazo de presentación del cheque, y bajo la consideración de haber operado la prescripción de la acción cambiaria contra el librador y sus avalistas por no haberse presentado el cheque en tiempo, aunada a la circunstancia de no haber existido fondos suficientes para su pago en poder del librado durante todo el plazo de presentación, o bajo la consideración de haberse dado en dicho lapso una causa de no pago imputable al librador, es aconsejable probar en el primer caso (con una certificación expedida por el banco librado, podría ser), que el librador **no** tuvo fondos suficientes en poder del librado y para el pago del cheque durante todo el plazo de presentación, o, en el segundo caso, que del examen del cheque o de la información que reposa en los archivos del banco librado, se colige la existencia de una causa de no pago imputable al librador, como, por ejemplo, la orden de no pago, la firma no registrada, la firma no concordante con la registrada, la falta de una o más firmas por tratarse de una cuenta corriente bancaria que opera con firmas conjuntas, la falta de sello antefirma registrado, la falta de protector registrado, el cheque enmendado, la falta de cantidad(es) en letras o números, o el instrumento aparentemente falsificado.

Lo anterior, habida cuenta que, si el demandado -librador del cheque- se encuentra en condiciones de probar lo contrario (que mantuvo fondos suficientes y disponibles en poder del librado para el pago del cheque durante todo el plazo de presentación y que no se dio en ese lapso ninguna causa de no pago a él imputable), se estaría frente a un caso de extinción de la acción cambiaria, no por la *prescripción* de que tratan los artículos 730 y 790 (que, según se indicó, opera en seis meses contados desde la conclusión del plazo de presentación), sino por la *caducidad* a que se refiere el inciso primero del artículo 729 varias veces mencionado. En tal caso, podría el demandado proponer la excepción de prescripción extintiva de la ***actio in rem verso cambiario***, por tratarse de una demanda presentada después del año siguiente al vencimiento del plazo para la presentación oportuna del cheque, vale decir, por tratarse de una demanda presentada después del año siguiente a la consumación de la caducidad de la acción cambiaria en los términos del inciso primero del artículo 729 del Código de Comercio.

Un ejemplo ilustra de mejor manera lo antes expuesto: **A** libra y entrega a **B** un cheque pagadero en el mismo lugar de su expedición el 2 de enero de 2008, lo que significa que el cheque habría de ser presentado *"Dentro de los quince días a partir de su fecha"* (numeral 1° del artículo 718 del Código de Comercio), es decir hasta el 23 de enero de 2008 (esto asumiendo que solo fueron hábiles bancarios los días 3, 4, 8, 9, 10, 11, 14, 15, 16, 17, 18, 21, 22, 23 y 24 de enero de 2008 e inhábiles los días 5 -sábado-, 6 -domingo-, 7 –lunes festivo-, 12 -sábado-, 13 -domingo-, 19 -sábado- y 20 -domingo- del mismo mes y año, y teniendo en cuenta que al tenor del parágrafo 1° del artículo 829 del Código de Comercio, *"Los plazos de días señalados en la ley se entenderán hábiles"*). Supóngase que el cheque no fue presentado en tiempo y que no obstante durante todo el plazo de presentación no existieron fondos suficientes para su pago en poder del banco librado, o que a pesar de no haber sido presentado en tiempo en ese interregno pendió una causal de no pago imputable al librador. En cualquiera de los dos casos la acción cambiaria del tenedor **B** habría prescrito *"en seis meses"*, contados desde cuando concluyó el plazo de presentación (artículo 730 en concordancia con el artículo 790, enunciado final), es decir, la acción cambiaria habría prescrito el 23 de julio de 2008, fecha en que se habrían consumado los seis (6) meses siguientes al 23 de enero de 2008, día del vencimiento del plazo de presentación, y por ende el año para el ejercicio de la acción de enriquecimiento cambiario del tenedor **B** habría prescrito el 23 julio de 2009.

Empero, en el evento en que **B** ejercitare la acción de enriquecimiento cambiario entre el 24 de enero de 2009 y el 23 de julio de 2009, esto es, después de los doce (12) meses siguientes a la fecha de conclusión del plazo de presentación del cheque, a efectos de enervar la posible *caducidad* de la acción cambiaria de que trata el inciso primero del artículo 729 (caducidad que opera cuando existen fondos suficientes y disponibles en poder del librado para el pago del cheque durante todo el plazo de presentación y no se da en ese lapso una causa de no pago a él imputable), y de evitar la configuración de la prescripción de la ***actio in rem verso*** cambiario al año subsiguiente al vencimiento del plazo para la presentación

172

oportuna, es decir, al 23 de enero de 2009, sería aconsejable que dicho demandante **B**, de manera adicional a las demás pruebas pertinentes, útiles y conducentes, acreditare (con una certificación expedida por el banco librado, podría ser) que el librador **no** tuvo fondos suficientes en poder del librado y para el pago del cheque durante todo el plazo de presentación del cheque, o que en ese lapso de presentación pendió una causa de no pago imputable al librador (valga reiterar aquí el ejemplo de la orden de no pago, la firma no registrada, la firma no concordante con la registrada, la falta de una o más firmas por tratarse de una cuenta corriente bancaria que opera con firmas conjuntas, la falta de sello antefirma registrado, la falta de protector registrado, el cheque enmendado, la falta de cantidad(es) en letras o números, o el instrumento aparentemente falsificado).

[22] **Prueba del enriquecimiento y del empobrecimiento correlativo.** Es conveniente narrar y demostrar que el demandado obtuvo un enriquecimiento por un monto específico a expensas del demandante, ya que la Corte Suprema de Justicia tiene dicho que en esta materia (de la *actio in rem verso*) el monto del enriquecimiento y del empobrecimiento correlativo *"no puede tenerse por probado a cabalidad apelando exclusivamente a la literalidad del título y de las declaraciones en él incorporadas"*. (Casación Civil de 6 de diciembre de 1993, ya citada, Op. Cit., p. 150).

En el mismo sentido la sentencia de Casación Civil de 30 de julio de 2001, en la cual, citando a Mario Alberto BOFANTI y José Alberto GARRONE (*De los títulos de Crédito*. Buenos Aires, Abeledo-Perrot, 1982, p. 718) dijo la Corte *"Sobre este particular ha precisado la doctrina, que la 'acción de enriquecimiento -cambiario- tiene por* **causa petendi** *el injusto enriquecimiento del demandado en daño del actor y, en consecuencia,* **por condiciones o presupuestos la pérdida de la acción cambiaria y la falta de una acción causal** *y por* **petitum** *la suma por la cual el demandado se haya injustamente empobrecido'. De allí que el objeto de la misma 'no es tanto la suma de la letra cuanto el monto del enriquecimiento que podrá, o no, coincidir con el perjuicio'"*.

Y, en sentencia menos reciente (la número 138 de 3 de abril de 1990) la misma Corte precisó *"Ahora bien, en la demostración de los elementos de esta* **actio in rem verso** *cambiaria relativos al enriquecimiento y un empobrecimiento correlativo, originado injustamente en la caducidad o prescripción de las acciones cambiarias y causales pertinentes se advierte que no existe restricción alguna en el empleo y valoración de los medios de convicción, pudiéndose acudir entonces a cualquiera de ellas, incluyendo la prueba indiciaria, particularmente cuando ella se requiere para establecer la realidad de los pasos que intervienen muchas veces en las negociaciones consensuales mercantiles, cuando constituyen la relación fundamental por la que se ha entregado como pago de títulos valores, que posteriormente se han dejado prescribir o caducar, para permitir entonces la acción en contra de quien se ha enriquecido injustamente en tal negociación compleja a consecuencia de dicha caducidad o prescripción"* (M. P. Pedro LAFONT PIANETTA, G. J. N° C. C., pp. 147 y 148).

A efectos de demostrar el monto del enriquecimiento y del empobrecimiento correlativo, con sujeción a los parámetros de la jurisprudencia existente sobre la materia, es preciso probar la *relación causal o negocio jurídico fundamental*. *"(...) en asuntos de esta naturaleza, donde la prueba es de suyo exigente, tampoco se puede presumir la existencia y el contenido de la relación causal o subyacente que ha originado la creación o transferencia del instrumento de contenido crediticio - art. 882 C. de Co., pues ella debe ser objeto de cabal demostración (...)"* (sentencia de 6 de abril de 2005, M. P. César Julio VALENCIA COPETE). También es preciso demostrar el monto del beneficio recibido por el demandado que no puede ser superior al del perjuicio sufrido por el demandante. De modo que si la relación causal o negocio jurídico fundamental hubiere consistido en un contrato de mutuo, habrá de demostrarse el monto del dinero mutuado y el saldo pendiente de reembolsar por parte del mutuario; si se tratare de una compraventa de mercancías, sería menester acreditar el saldo pendiente de pagar por parte del comprador; si de un contrato de arrendamiento de un bien, el valor de la renta dejada de cancelar por el arrendatario; y si de un contrato de prestación de servicios profesionales, el monto del saldo adeudado por el beneficiario de los servicios. En ninguno de los citados casos sería viable dirigir la acción contra los codeudores, quienes no fueren los reales beneficiarios de los bienes o servicios recibidos, por cuanto no serían los enriquecidos con el empobrecimiento correlativo del demandante

[23] **Recomendación de allegar como prueba la copia auténtica de la escritura pública de venta del inmueble incluida la nota de inscripción en la Oficina de Registro de Instrumentos Públicos correspondiente.** Para no correr el riesgo de que el operador judicial estime que no quedó acreditada la tradición como obligación a cargo del vendedor demandante, es conveniente allegar como prueba la copia auténtica de la escritura pública de venta del inmueble, incluida la nota de inscripción en la Oficina de Registro de Instrumentos Públicos correspondiente, prueba que bien puede obtenerse solicitando se oficie a la Oficina de Registro a efectos de que expida con destino al proceso la copia auténtica de la escritura con la constancia de inscripción, o bien, antes de la presentación de la demanda, obtener en la Notaría en que fue otorgada una copia auténtica de la escritura pública y presentarla ante la Oficina de Registro a efectos de que reproduzca la nota de inscripción en la copia auténtica de la misma.

[24] **Prueba documental insubstituible.** Es necesario allegar al proceso el original del título valor de contenido crediticio descargado por caducidad, o prescripción, de la acción cambiaria, ya que es el único medio idóneo para acreditar que se trata en realidad de un título valor (cuya prueba es el título mismo) y que éste no fue descargado por pago, dado que, de haberlo sido, no natural sería que no estuviere en poder del tenedor-demandante.

[25] **Determinación de la cuantía por el valor de las pretensiones.** A partir de la entrada en vigencia del Código General del Proceso, la cuantía se determina *"Por el valor de todas las pretensiones al tiempo de la demanda, sin tomar en cuenta los frutos, intereses, multas o perjuicios reclamados como accesorios que se causen con posterioridad a su presentación".* (Numeral 1 del artículo 26 ibídem).

[26] **Supresión del requisito de aportación de copias y otros.** El artículo 6 del Decreto Legislativo 806 de 2020 (*Por el cual se adoptan medidas para implementar las tecnologías de la información y las comunicaciones en las actuaciones judiciales, agilizar los procesos judiciales y flexibilizar la atención a los usuarios del servicio de justicia, en el marco del Estado de Emergencia Económica, Social y Ecológica*), publicado en el Diario Oficial N° 51.335 de 4 de junio de 2020, el cual *"rige a partir de su publicación y estará vigente durante los dos (2) años siguientes a partir de su expedición"* (artículo 16 ibídem), establece, en lo pertinente:

> *"(...) Las demandas se presentarán en forma de mensaje de datos, lo mismo que todos sus anexos, a las direcciones de correo electrónico que el Consejo Superior de la Judicatura disponga para efectos del reparto, cuando haya lugar a este.*
>
> *De las demandas y sus anexos no será necesario acompañar copias físicas, ni electrónicas para el archivo del juzgado, ni para el traslado.*
>
> *En cualquier jurisdicción, incluido el proceso arbitral y las autoridades administrativas que ejerzan funciones jurisdiccionales, salvo cuando se soliciten medidas cautelares previas o se desconozca el lugar donde recibirá notificaciones el demandado, el demandante, al presentar la demanda, simultáneamente deberá enviar por medio electrónico copia de ella y de sus anexos a los demandados. Del mismo modo deberá proceder el demandante cuando al inadmitirse la demanda presente el escrito de subsanación. El secretario o el funcionario que haga sus veces velará por el cumplimiento de este deber, sin cuya acreditación la autoridad judicial inadmitirá la demanda. De no conocerse el canal digital de la parte demandada, se acreditará con la demanda el envío físico de la misma con sus anexos.*
>
> *En caso de que el demandante haya remitido copia de la demanda con todos sus anexos al demandado, al admitirse la demanda la notificación personal se limitará al envío del auto admisorio al demandado".*

[27] Téngase en cuenta la nota de pie de página que antecede.

CAPÍTULO IV

ESQUEMA DE LA SOLICITUD DE AUDIENCIA DE CONCILIACIÓN COMO REQUISITO DE PROCEDIBILIDAD

Comentario: Habida cuenta que la pretensión de *in rem verso* cambiario versa sobre una materia susceptible de transacción, tramitable en proceso declarativo verbal (antes ordinario), que no da lugar a medida cautelar (salvo que se acumule a una pretensión causal que sí lo admita), se presenta a continuación un esquema de solicitud de audiencia de conciliación prejudicial como requisito de procedibilidad, establecido en la Ley 2220 de 2022 (artículos 67 y 68).

Queda en la anterior forma completo el derrotero a seguir para el evento de la acción de enriquecimiento cambiario con ocasión del descargo del instrumento negociable por caducidad o prescripción de la acción cambiaria.

Señores:
Centro de Conciliación y Arbitraje
Cámara de Comercio de ....[1]
E.　　　　　S.　　　　　D.

Ref.: Solicitud de Celebración de **Audiencia de Conciliación Extrajudicial en Derecho** como Requisito de Procedibilidad para acudir ante la Jurisdicción Civil en eventual Demanda Judicial.

Solicitante:　　　　　　**XX**
Requerido o convocado:　　**YY**
ZZ, mayor de edad, con domicilio y residencia en (ciudad y departamento), abogado en ejercicio, identificado como aparece al pie de mi firma, obrando como apoderado de **XX**, identificado con la cédula de ciudadanía número .... expedida en ....., de la manera más comedida me dirijo al Centro de Conciliación y Arbitraje con el

fin de solicitar se cite a **YY** en procura de obtener la solución justa de las diferencias suscitadas con ocasión del enriquecimiento evidenciado por YY a expensas de XX, y a causa de la caducidad (o prescripción) de la acción cambiaria derivada del título valor de contenido crediticio que más adelante se menciona.

I.   PRETENSIONES MOTIVO DE LA CONCILIACION (Las mismas de la eventual demanda judicial.   Véase el modelo de demanda judicial)

II.   HECHOS QUE SIRVEN DE FUNDAMENTO DE LAS PRETENSIONES (Los mismos de la eventual demanda judicial. Véase el modelo de demanda judicial).

III.   FUNDAMENTOS DE DERECHO

Fundamento la presente solicitud en los artículos 831 y 882 del Código de Comercio; en las demás normas jurídicas aquí citadas; y en la jurisprudencia de la Sala de Casación Civil de la Corte Suprema de Justicia.

IV.   CUANTIA.

De conformidad con el numeral 1 del artículo 26 del Código General del Proceso, estimo la cuantía en la suma de $ ... (valor de las pretensiones, incluidos los intereses reclamados como accesorios, al tiempo de la demanda), que corresponde al valor del empobrecimiento experimentado por el convocante y el recíproco enriquecimiento evidenciado por el convocado[2].

V.   PRUEBAS

_Las que se quieran hacer valer, entre éstas el título valor descargado por (caducidad, o prescripción de la acción cambiaria)³.

No puede perderse de vista que el artículo 62 de la Ley 2220 de 2022 (*Por medio de la cual se expide el estatuto de conciliación y se dictan otras disposiciones*), reza: *"PRUEBAS. En la conciliación en derecho, las pruebas podrán aportarse con la solicitud de conciliación, teniendo en cuenta los requisitos consagrados en los artículos 243 y siguientes del Código General del Proceso o las normas que lo sustituyan, adicionen o complementen. // Las pruebas aportadas serán tomadas como un respaldo para eventuales fórmulas de arreglo que se presenten en la audiencia de conciliación. // Sin embargo, su falta de presentación en el procedimiento conciliatorio, no impedirá que sean presentadas posteriormente, en el proceso judicial".*

VI.   ANEXOS

-   (V. gr. los documentos anunciados como prueba, la prueba de la existencia y representación de la persona jurídica convocante, la prueba de la existencia y representación de la persona jurídica convocada).

-   El poder para actuar conferido al suscrito.

VII.   DIRECCIONES PARA RECIBIR NOTIFICACIONES PERSONALES

1.   El convocante recibe notificaciones personales en ...

2.   El convocado recibe notificaciones personales en ...

3.   El suscrito, en mi condición de apoderado judicial del convocante, recibe notificaciones personales en mi oficina de abogado situada en ...
Cordialmente

ZZ
C.C.
T.P.

---

[1] **Centro de Conciliación competente y forma de asistencia a la audiencia.** Es competente cualquier centro de conciliación. Al respecto, el artículo 11 de la Ley 2220 de 2022, establece: *"OPERADORES AUTORIZADOS PARA CONCILIAR EXTRAJUDICIALMENTE EN MATERIAS QUE SEAN COMPETENCIA DE LOS JUECES CIVILES. La conciliación extrajudicial en derecho en materias que sean competencia de los jueces civiles, sin perjuicio de la naturaleza jurídica de las partes, podrá ser adelantada ante los conciliadores de los centros de conciliación, ante los delegados regionales y seccionales de la Defensoría del Pueblo, los agentes del ministerio público en materia civil y ante los notarios. A falta de todos los anteriores en el respectivo municipio, esta conciliación podrá ser adelantada por los personeros y por los jueces civiles o promiscuos municipales, siempre y cuando el asunto a conciliar sea de su competencia. // Se excluye competencia a los consultorios jurídicos cuando una de las partes sea una entidad pública".*

[2] **Valor de las diferencias objeto de conflicto.** Dado que las normas reglamentarias del artículo 22 de la Ley 2220 de 2022, sobre tarifas para la prestación del servicio de conciliación, establecen montos con base en el *valor de las diferencias objeto del conflicto*, es necesario indicar la cuantía correspondiente.

[3] **Devolución de documentos aportados por los interesados.** Para el caso de la no conciliación, el artículo 65 de la Ley 2220 de 2022 prevé que, junto con la constancia de realización de la audiencia de conciliación sin que ⸱ se lograre acuerdo, o de no comparecencia de las partes o alguna de ellas, o de imposibilidad de conciliación por disposición legal, *"se devolverán los documentos aportados por los interesados"*. Esto para los efectos del eventual proceso judicial y demás fines que correspondan.

www.ingramcontent.com/pod-product-compliance
Lightning Source LLC
Chambersburg PA
CBHW070753220526
45467CB00013B/1039